誰でも

今から

人に好かれる方法

The method liked by people

このまま使える

井上敬一

HS

はじめに

何のためにコミュニケーションが必要なのでしょうか？

はい、

好かれるためです！

では何のために好かれるのですか？

はい、

得するためです！

これが僕がこの本を書いた理由です。

人生においては、才能や能力より、人に好かれているかどうかの方が、よっぽど大事です。

僕は、自分の人生で大切なことは他人が決めていると思っています。

たとえば自分が結婚したくても相手がOKしてくれなければできないし、出世したくてもそれを決定するのは自分ではなくまわりの方です。

また、「自分の性格は真面目です」といくら言ってみても、それを決めるのもじつは他の人です。

こう言ってしまうと夢も希望もないようですが、そうではありません。

人に好かれることですべてはうまくいく!

そう言いたいだけです。

好かれていれば結婚や昇進はもちろんうまくいきますし、まわりからはステキな人だと言ってもらえます。

逆に、嫌われているとすべてがうまくいかないとも言えます。

部下が言うことを聞いてくれない。
チームが一丸となって頑張ってくれない。
こういった問題は、どの会社やクラブなどでもあることです。

正しいことを伝えているのに、それに耳を傾けてもらえないのは、まわりとの人間関係がうまくいっていない、もっと言うと、嫌われているからです。

コミュニケーションが大切だとわかってはいても、その目的を忘れてしまっている人がたくさんいます。そのために、残念ながらコミュニケーションをとればとるほど嫌われてしまう人が、あなたのまわりにもたくさんいることに気づきませんか。

何を言うかより、誰が言うか。

よく使われる言葉ですがまさにそうです。

伝える人が変われば、部下が言うことを聞いてくれて会社の売上が上がることもありますし、チームが一丸となって勝利することもあります。

そう、好かれることを目的としたコミュニケーションで人生は好転するのです。

仕事がうまくいっていない、恋愛がうまくいっていない、実力があっても評価されない、また、人付き合いに困っているという人にもぜひこの本を活用してもらいたいと思います。

ここに書いてあるのは、ホスト人生で5年間ナンバーワンをキープしてきた僕だからできることではありません。あなたにもできます。

ホストの仕事は毎日が初対面であり、自分自身が商品である厳しい世界。僕は試行錯誤して大きな成果も出してきましたが、同時に誰よりも失敗もしてきました。その後は経営者として日々スタッフを指導するにあたり、人間関係に人一倍苦労してきました。

何より僕自身が好かれている人の共通点を研究し、たくさんのことをマネて習得してきました。

そんな経験から、

今から使えて、
誰がやっても、
同じように効果が出ることだけを書いたつもりです。

そのまま使っていただけるフレーズをたくさん盛り込みました。ひとりひとりが自分のキャラクターや職業を生かしたコミュニケーション術を磨くことができるように、ワークも用意しています。

ワークでは、必ず立ち止まってやってみてください。深く考える必要はありません。口と頭の筋トレだと思って声を出してみてください。

瞬発力を高めることが大切です。

繰り返せば繰り返すほど、より自然に柔軟な言葉が出てきます。あなたのまわりに人が集まります。

繰り返し言いますが、コミュニケーションの目的は好かれることです。

人に好かれると、人生すべてがうまくいきます。

口下手な方も人と接するのが苦手な方も、この本を読んで玄関を出ればすでに人に好かれる人になっているはずです。

自分を磨いた後は、好かれたい人にこの本を紹介していただけたら嬉しいです。

本を渡すときには、この一言をかならず添えてください。
「あなたに好かれたいので、この本を読んでみました！」
すぐにその人から好かれることを実感するはずです。

さあ、今から人に好かれるコミュニケーション道を学んで、新しい自分になり、仕事でプライベートで、誰よりも得しちゃいましょう‼

井上敬一

第2章 すぐ使えるプロの会話術

第3章

「はじめまして」の戦い方

第4章 より深く・長く好かれるために

第5章 あの人に好かれるテクニック

第6章 無言のコミュニケーション

第7章

めざせ！ コミュニケーションの達人

第1章

コミュニケーションとは格闘技である！

01

心技体　揃ってこそのコミュニケーション

まず、肝に銘じてください。

心技体、すべて揃ってこそのコミュニケーションです。

いきなり体育会系の雰囲気になっていますが、実際、コミュニケーションは格闘技のようなものです。心技体の3つが揃って初めて成り立ちます。そして、トレーニングした分だけ、めきめきと実力がついていきます。

ここで言う心技体とは。

【心】　心構え
【技】　テクニック
【体】　身振り、手振り、表情

●心技体が揃ってこそのコミュニケーション

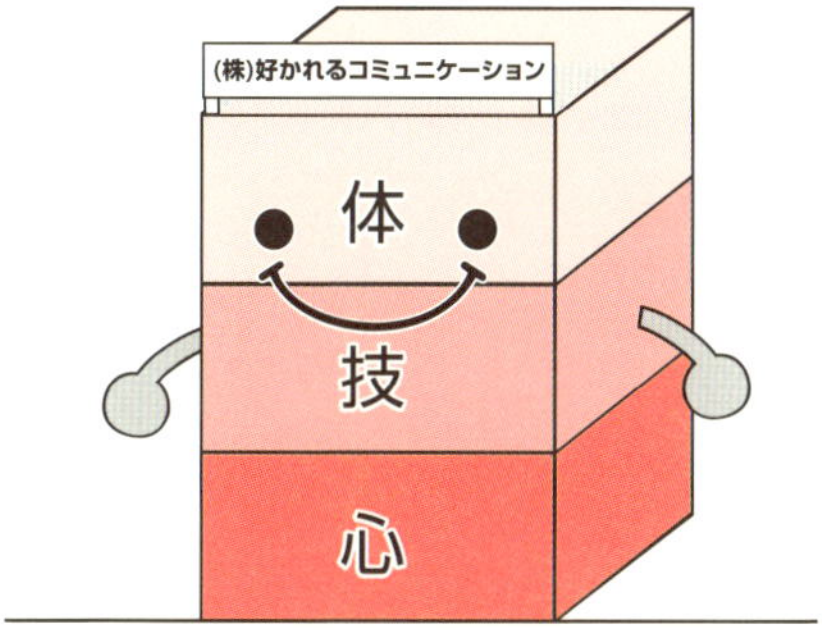

図を見てわかるように、心技体は横並びではなく、ビルのように縦に積み重なっています。ビルを建てるのに一番大切なのは土台ですね。これがしっかりしていないと、高いビルは建てられません。建てたとしても、すぐに崩れてしまいます。

コミュニケーションで土台にあたるのは心。まず**「好かれたい」**という心構えを固めます。そのためには、**正直**であること、**誠実**であることが大切です。

人に「好かれる」には、自分が相手を「好きになる」ことが基本になってきます。温かい心や人を喜ばせようという心を土台にして、想いを引き立たせるためのテクニックを上にのせます。

そして、想いを伝える言葉とともに、身振り、手振り、表情などを整えると、バランスのとれたコミュニケーションが生まれるのです。

せっかく想いがあっても、相手に伝わらないともったいないですね。

心技体をすべて揃えて、好かれるコミュニケーションをめざしましょう。

では、心技体をそれぞれくわしく説明していきます。

02

【心】どんな人にも絶対に好かれる心構えとは

人に好かれるためには、どんな心構えが大切なのか。

すでに書いてしまいましたが、まずこちらが「相手を好きになる」ことです。好かれるコミュニケーションに必要な心構えは、これがすべてと言っても過言ではありません。

多くの人は、自分を好きになってくれる人に好感をもつものですから。

実際には、すべての人を好きになるのは難しいかもしれませんね。そういうときは「相手に興味をもつ」ことから始めましょう。

僕は誰かと初めて会うときは「どんな話が聞けるだろうか」「聞いたら楽しくなりそうだ」とワクワクします。

人は自分に興味をもってもらえると嬉しく感じます。すると会話も弾みます。

うまく話をしようなどと頑張らなくていいのです。「どうせ誰も自分の話になんて期待していないし」くらいの気持ちで、リラックスしてのぞみましょう。

会話術より、相手の喜ぶ顔が見たいという気持ちが大切です。

「自分だけが得しよう」なんて心構えでいると、うまくいかないことが多いでしょう。人間の本質は、まわりの人にかなり見抜かれています。

たとえば、下心だけで様々なテクニックを使っても、女性はゲットできません（笑）。一緒に素敵な夜景を見て、雰囲気の良い店で食事をしたところで、本当に相手を想う気持ちがないと、人の心は動かせないのです。

ホストとして仕事をしていたときも、そうでした。

「自分のためにお金を使ってくれるかどうか」なんてことは、僕は度外視していました。「どんなお客さんでも楽しませよう」と誠実な気持ちでコミュニケーションして、それが「好かれること」につながっていきました。

心は言葉に出てくるものです。
ですから、土台として「相手のために」という心構えが大切です。
その気持ちがあれば、技も体もできあがっていきます。

例

プレゼントを渡すときの心技体

【心】相手想いの心構え

○○さんに喜んでもらいたい、感動を与えたいという気持ちを抱く。

【技】心を伝えるテクニック

偶然を装って、会社帰りにプレゼントを渡しに行く。（サプライズ！）

【体】相手を喜ばせるパフォーマンス

「○○さん、この前はありがとうございました！これ、お礼です！」とオーバーリアクションでプレゼントを渡す。

03

【技1】人気者がかならず使う言葉「すなお」

心ができたら、次は技。

好かれるコミュニケーションでは、「うまく話す」ことより「聞き上手である」ことが大切です。人の話を引き出すテクニックを今日からせっせと磨きましょう。

うまく話を聞くコツは「すなお」です。


㋜ごい!

㋤るほど!

㋔もしろい!


この3つの言葉を、相手の話に対して素直な心でどんどん発します。会話の中で、できるだけ多く使ってください。

好かれる人は「すごい！」「なるほど！」「おもしろい！」を、かなりの頻度で使っています。

使うときは、できるだけオーバーリアクションで、大きい声で、目を見開いて。本当に相手の話にワクワクしている気分で声に出しましょう。

相槌にこの3フレーズを使うと、話をしっかり聞いていることが伝わります。相手は「認められているんだ」という〝自己重要感〟（自分は価値ある人間だと思いたい欲求）が高まって心地良くなり、どんどん話を進めていってくれます。

自然と自分が話すことが少なくなりますが、それでいいのです。

04

【技2】どんなときでも会話が途切れない究極の質問がある

「聞く」ことは「相手に興味を示す」ことです。

では、具体的にどうすれば、興味を示して、相手の話をどんどん引き出すことができるでしょうか。

簡単に言えば、あらかじめ質問を準備しておけばいいのです。

たとえば、相手の服装や持ち物に興味を示すとしたら。

「その時計、どこで買われたのですか?」

「どこのブランドですか?」などと質問ができます。

今読んでいる本、いつも見ているテレビ番組、好きなアーティスト、気になる異性のタイプなど、相手の趣味に幅広く関心をもって、質問をしてみましょう。

相手の好きなものに的を当て、相手が喜ぶ質問を準備しておき、会ったときに投げかけていくのです。

難しく考える必要はありません。「大切にしているものを知りたい」「価値観を共有したい」と思えば、質問はおのずとわいてきます。

休日の過ごし方を聞くのもいい方法です。できれば仕事よりプライベートな部分をさぐってみましょう。

人の夢や信念など、大切なことは、プライベートな部分に包まれていることが多いので、そこをさぐるとおもしろい話や意外な一面を引き出すことができます。

質問を続ける中で、自分が知らない答えが返ってきたらチャンスです。

「それって何ですか?」と聞いてみましょう。

「知らないことに出くわすと、会話が続けられない」と怖がる人がいますが、そんな心配は無用です。知らないことに出逢ってこそ、質問は続けられるのです。

知らないことはどんどん聞く。

「それって何ですか?」は、どんなときでも会話を途切れさせない究極の質問です。

さて、質問の答えを相手から受け取ったら、興味をふくらませて、心からほめましょう。もちろんここで「すごい！」「なるほど！」「おもしろい！」を使ってください。

相手が話すことは、その人が自信をもっていることです。自信のあるところをほめられると、相手の自己重要感は満たされていきます。

単に「聞く」だけでなく、その人に関心をもって心からほめることで、話を「聴く」ことになります。

すると、なぜかその人はあなたのことを好きになってしまいます。

例 人に話を聴くテクニック

自分　「休日は何をしていますか？」

Aさん　「う～ん、トライアスロンをやったりするよ」

自分　「え～！　すごいですね！」

Aさん　「自分の限界に挑戦するために始めてみたんだけれどね」

自分　「なるほど！　やっぱり体を鍛えないとダメですか？」

Aさん　「体と言うより、限界を感じたときに、やめたいとか逃げ出したいとか、イヤな自分が出てくるから、心を鍛える方が大切だな」

自分　「そんなふうに考えるAさんっておもしろいですね！　具体的にはどうやって鍛えるのですか？」……

相手に興味をもって質問を続ける。

「それって何ですか？」をずっと続けていく。

そして、「すごい！」「なるほど！」「おもしろい！」を口に出す。

すると、相手が話す時間がどんどん長くなっていきます。

僕は、相手が絶対に興味を示してくれるような言葉を〝鉄板フレーズ〟と呼んでいます。ここで、質問から話をふくらませる鉄板フレーズを少し紹介します。

K 敬一流「質問から話をふくらませる」鉄板フレーズ

・**夢は何ですか？**

⬇自分がお手伝いできることを探す。

・**休日はどう過ごしていますか？**

⬇趣味を聞いてプライベートな部分をさぐっていく。

・**好きなタイプはどんな人？**

⬇男性でも女性でも、条件を3つ以上言ってもらう。（ただし、顔以外で）

こういった質問をすることによって、相手の内面や大切に思っているものがわかります。自分との共通点を見つけることができれば、会話は1時間でも続けられます。

WORK 1

自分の鉄板フレーズを考えてみよう。

あなたなら相手に何を質問しますか？

・

・

・

・

05

【技3】弾む会話は「てきどにせいりし」

そろそろ「コミュニケーションって、そう難しくないかも」と感じていただけているでしょうか。まだ「いや〜、やっぱり苦手だな」と思っている方に、**「てきどにせいりし」**を伝授します!!

「てきどにせいりし」とは、会話に使える話題の頭文字を並べたものです。会話を「適度に整理し」と覚えてください。

て……天気（晴れ、雨）
き……気候（暑い、寒い）
ど……道楽（趣味、好きなこと）
に……ニュース（時事問題）

せ……セックス（恋愛観）
い……田舎（出身地、出身校）
り……旅行
し……仕事

僕は接客をするとき、この順番で話題をふっていきました。お店の新人スタッフもこの手を使っています。これさえ覚えていれば、沈黙は、まずないでしょう。

例

「てきどにせいりし」を使った会話

て《天気》　「今日は良いお天気ですね」
き《気候》　「昨日まであんなに暑かったのに……」
ど《道楽》　「何かスポーツされていますか？」
に《ニュース》　「次の選挙、気になりますよね？」

せ《セックス》「好きなタイプは？」「彼女いますか？」

い《田舎》「生まれはどちらですか？」「地元の方ですか？」

り《旅行》「行きたい所はありますか？」

「一番のおすすめはどこですか？」

し《仕事》「どういったお仕事をされていますか？」

「前はどんなお仕事？」

「てきどにせいりし」の順で質問を繰り出していくと、会話が続きます。

重要ポイントは、しっかりアンテナを張って、相手がどの話題で語り出すかを見極めること。話したがっている話題をしっかりつかまえて広げることが大切です。

「すごい！」「なるほど！」「おもしろい！」も忘れずに。この3フレーズをはさんでいくと、会話はおもしろいくらい広がっていきます。

ホストも、お客様の言葉をしっかり聞いて、相手が積極的に話し出す瞬間を見逃さないタイプは人気があり、売上も高くなっています。
どの話を広げるかは、本当に重要です。
そこで、具体的な会話の例をつくってみました。ホストと男性客の会話です。
「てきどにせいりし」の項目は《□□》で、解説は（□□）で示してあります。

例 お客様Aさんと自分（人気ホスト）の会話

自分　「今日は良いお天気ですね」《天気》

Aさん　「……」

（反応がないので、すぐに話題を変える）

自分　「昨日まであれほど寒かったのに、今日はすごく暖かいですね」《気候》

Aさん　「はぁ」

（同じく反応が良くないので、次の話題へ）

自分　**「良い体ですよね。スポーツをされていたのですか？」**《道楽》

Aさん　「まぁ、ちょっと水泳をね……」

　　　（チャンス到来！　ここを伸ばすのです！）

自分　**「水泳ですか！　あー、なるほど！　それでそんな逆三角形の体型なのですね」**

Aさん　「まぁ、昔の話だけれどね」

　　　（この話題をさらに深く掘り下げる！）

自分　**「昔やっておられた水泳で、今もこんなにすごい体をされているなんて。大会とか出ていらっしゃったのではないですか？」**

Aさん　「一応、県の選抜までは頑張っていたけれどね」

自分　**「県選抜ですか！　すごい！　水泳でそこまでいった方に初めてお会いしましたよ！」**

Aさん　「当時は水泳一筋で頑張っていたしね。寝る間も惜しんでトレーニングして、自分でもびっくりするくらい没頭していたなぁ。あの時は～」

（お客様が語り出す。その合間に相槌を入れ、さらに話を広げていく）

自分　**「ほんと、すごいですね！**

その時の経験って絶対今のお客様の役に立っていますよね」

Aさん　「そうだね。つらいこともつらいと思わなくなったし、

当時の仲間とは今もつながっているからね」

（お客様が話す時間が長くなる。ほとんどひとりで語ることになってくる）

Aさん　「青春と言えばなんだか恥ずかしいけれど、

自分が一番輝いていた時代だな。

トレーニングはきつくてつらいものだったけれど、

あの時の経験は、本当に今の自分にとって貴重なものになっているよ」

自分　**「もう一度あの頃に戻りたいですか？」**

Aさん　「あんなにつらいこと、絶対に嫌っ！（笑）」

自分　**「おもしろい！」**

このように「てきどにせいりし」の順番で話題をふって、相手から話を聴き出します。受け答えには「すごい！」「なるほど！」「おもしろい！」も使っています。見事に話を広げた素晴らしい例ですね（と自画自賛してみました）。

相手が気持ち良く語り出せば、しめたもの。あなたはそれ以降、ほとんど何も話さずに、相手に好かれることになるのです。

人は、ほめてもほめても、もっとほめられたい生き物です。自信のあるところをほめられると、しゃべるしゃべる！　思い当たることはありませんか。

新人スタッフがよくやってしまうNG例も、あえて紹介します。

相手の話を最後まで聴くことの大切さは、会話中の当人は案外わからないものです。話を広げるべきところを見逃して、触れてはいけないところを掘り下げてしまう。そうすると、自分ばかりがしゃべってしまう「嫌われるコミュニケーション」のパターンに陥ります。

例

お客様Bさんと新人ホストの会話

新人　「今日は良いお天気ですね」《天気》

Bさん　「……」

新人　「僕、すごい晴れ男なんですよ！」

（自分がしゃべり出してしまう）

新人　「どこへ行くにも僕がいると晴れるので、旅行の前も心配したことないんです」

Bさん　「……」

（反応がないので、次の話題に）

新人　「昨日まであんなに寒かったのに、今日は暖かいですよね」《気候》

Bさん　「はぁ」

新人　「こんな暖かい日は公園で散歩します、僕！」

Bさん　「……」

新人　「最近、ダイエットもしないといけないと思って、
　ジョギングを始めてみたんです」《道楽》
Bさん　「……」
新人　「体が締まってきたら、トシの割に若く見えるって言われて。
　僕って何歳に見えます？」
（相手にまったく関心なし）
新人　「お客さんも良い体してますね！」
Bさん　「ちょっと水泳を……」
（チャンス！ここだよ！）
新人　「あー、そうなんですか。僕はサッカーやってたんですよ。
　ポジションは……」
（はい、アウト）

これは極端な例だと感じるかもしれません。でも、胸に手を当ててみてください。つい自分ばかりがしゃべってしまった経験はありませんか。

意外かもしれませんが、失敗をするのは、コミュニケーション・スキルに自信がある人です。

自分が話し上手だと思っている人、話題を提供することが大切だと感じている人ほど、相手の話を引き出せず、自分ばかりが話してしまいがちです。気をつけましょう。

06

【体1】首を30センチ動かすとすごく人に好かれます

心技体を揃える必要があるコミュニケーション。それは、いわば格闘技です。中でも、初対面のコミュニケーションは「試合だ！」と僕は考えています。

試合の判定は、話した時間によっておこないます。

自分より相手が話した時間が長ければ勝ち。たとえば1時間話をして、相手に30分以上しゃべってもらえたときは、僕の勝ちです。

反対に、自分がしゃべりすぎた場合は負け。その時は、ひとり反省会をします。

日常、気がついたら自分がすごく話していたという経験はないでしょうか。

忙しい生活、情報があふれる世の中で、人は他人に興味をもつ余裕がなくなっています。だからこそ、興味をもって人の話を聞くと、相手に喜んでもらえるのです。

好かれるコミュニケーションは、いかに相手に話してもらうかにかかっています。特に、会ってすぐのタイミングでは「自分のことをわかってもらいたい」と、つい自分に関する話を長々としたくなりますが、そこは我慢が必要です。目の前にいる相手に興味をもって、質問して、どんどん話を引き出しましょう。どれだけしゃべらせることができるか、挑戦してみてください。

「あの人といると、つい自分ばかりが話をしてしまうなぁ」と思い浮かぶ人がいれば、その人はかなりの聞き出し上手です。

相手が話す時間を長くする方法のひとつは、大きくうなずくことです。うなずきは「あなたに興味があります」と示すパフォーマンスなのです。

では、早速練習しましょう。

首を縦に30センチほど動かします。はい、こっくり。

大きくうなずくことで、相手の話を引き出すことができます。多くの日本人はオーバーリアクションが苦手なので、意識して首を振ってください。

会話中「ここは強調したいのだな」と察知したときは、さらに大きくうなずいて！

知らない人ばかりのコミュニティーに参加する場合、このうなずきはかなりの力を発揮します。中心人物、あるいはキーマンと思われる人の横で、話をしっかり聞きながら大きくうなずくと、そのコミュニティーに早くなじめるはずです。

最初は注目してもらえなくても、うなずき続けます。時間が経つにつれ、ウンウンと真剣に話を聞いてくれるあなたを、相手は視線から外せなくなります。

うなずかれると、話し手はきちんと話が伝わっていると確信できて嬉しいものです。話が面白いか、皆のためになっているか気になるときに、うなずいている人を見つけてほっとして、その人に好感をもったことはありませんか。初対面なら「後で名前を聞こう」「話をしてみよう」なんて思いますよね。

僕も講演することがあるのですが、大きくうなずいている人がいると、その人のことが好きになり、後で開催される親睦会では自分から話しかけてしまいます。

うなずきは簡単で効果てきめんなテクニックです。

あまり知らない分野の話やよくわからない話題のときもウンウンとうなずいてみましょう。単に大きくうなずくだけで、話している相手から好きになってもらえます。

07

【体2】嫌われる人が使ってるNGワードとは?

人と会話をしているときに、口に出してはいけない言葉があります。「それ知ってる」です。

自分が知っていることを人が話し出しても「それ知ってる」などと言ってはいけません。この言葉はコミュニケーションにピリオドを打ちます。発したとたんにゲームオーバー。その場の盛り上がりもいきなりシュンとしぼんでしまいます。

相手が気持ち良く話しているのに、それをいきなり遮ってしまうのは、マナー違反。その上、自分が知っている情報をひけらかすと、残念な状況を招きがちです。

聞き上手な人こそ、知っていることでもあえて「知らないです。聞かせてください」と対応するテクニックを使っています。

聴き出すことは好奇心を満たすことにもなり、聴けば相手をもっと好きになれます。

知っていると思っても、もしかしたら違った角度からの知識や情報を得られるかもしれません。またひとつ、あなたの財産が増えるかもしれないのです。

とにかく話に耳を傾けてみましょう。

多くの人は相手に何かを教えたがっています。そして、ひとつ教えると、もっと話したくなるものです。

好奇心をふくらませて言ってみましょう。

「それ知りません！」

この一言はお互いに好印象を抱くために強力な武器になります。

08

【体3】新〝鏡の法則〟

少し前になりますが、テレビで「世界ウルルン滞在記」という番組が放送されていたのを覚えていますか。

日本人タレントが言葉や文化が違う土地を訪れ、現地の人と交流をはかろうとします。最初は互いにとまどいがあって、なかなか打ち解けられないのですが、しだいにわかり合えるようになっていき、最終的にホストファミリーと別れる場面では号泣するという、あの番組。

これはまさにコミュニケーションの本質です。

たとえ言葉や習慣がわからなくても、現地の人に交じって民族舞踊を体験したり祭りに参加したりするうちに、波長が合ってきて一体感が得られるようになります。相手と波長が合うと、人は安心できます。

一緒に長い時間を過ごし、相手に関心を向け、行動を合わせ続けていると、だんだんわかり合ってきて、ついには相手に心が通じるようになるのです。

ホストをしているとき、僕にとって新しいお客様は、未開の土地からやって来た見知らぬ習慣をもつ民族と同じでした(笑)。

黙り込む人、なぜかずっと不機嫌な人、テンションが上がりっぱなしの人、知らない話ばかりする人など。お客様に僕の言葉は通じません。毎日がウルルン滞在記です。

こんな強敵を相手にすると、お客様と自分との間に何か共通のものを見つけようとしても、容易ではありません。それで、僕は簡単なところから始めていました。それは、口調を合わせることです。

口調を合わせるとは、使う言葉、話すスピード、話し方に気をつけて、相手と同じように話すということです。これも難しく考えることはありません。

相手が丁寧な話し方をしているときは丁寧な口調で、ぶっきらぼうな感じであれば同じくぶっきらぼうに、合わせて話せばいいのです。

同時に、姿勢も合わせます。

相手が前のめりになっていれば、自分も身を乗り出して話をする。これもひとつのスキルです。会って1時間以内に同じ動作をすると、かなり効き目があります。

なお、目を合わせるときはちょっとした気遣いが必要です。

目上の人と話をするなら、相手より目線の高さをやや下にすることで敬意を表わせます。目上に限らず、相手を安心させたいときなども、目線を下げるこのアイコンタクトがおすすめです。

コラム 1

心理テスト「あなたは情動的？　論理的？」

物事のとらえ方には人それぞれの個性があります。話の仕方も人によって千差万別。自分の得意な話し方は、１枚の絵を説明するだけでも知ることができます。

●あなたのタイプを絵でチェック！

［心理テスト］

この絵に対するあなたの感想は、次のうちどちらでしょうか？

①なんとなく穏やかな感じ、優しい雰囲気。

②メルヘンチックなタッチの中にも木のしっかりとした存在感を感じる。

この心理テストでは、物事のインプットとアウトプットの仕方を判断できます。ひとつの事柄をどのように取り込み、どんなふうに伝達するか、自分の特徴をぜひ知っておいてください。

【診断】

①を選んだ人は、情動的感覚に優れた人です。自分の気持ちや感情を自分でしっかり受けとめているので、感覚を素直に表現すると、話が相手に伝わりやすくなります。また、相手の感情を受けとめるのも得意なのではないでしょうか。相手の感情を意識すると、ますます好かれるコミュニケーションができるはずです。

②を選んだ人は、論理的に説明することが得意な人です。自分の気持ちよりも客観的な判断や状況説明を先にすることによって、明確に話ができます。説得力があるので、人に信頼感を抱かせます。

もちろん人と話をするときは、情動的な感覚も論理的な感覚も両方とも必要です。ただ、うまく説明ができないとき、伝えにくいことを話すときなどは、自分の得意な方から話したり聞いたりすると、会話をスムーズにスタートさせることができます。

第2章

すぐ使えるプロの会話術

09

会話はキャッチボールしなくていい!!

人とのコミュニケーションで重要なのは、やはり会話です。

この章では、僕がホスト人生で勉強してきた会話術を紹介していきます。

会話はキャッチボールやラリーにたとえられることがよくあります。きっと、そう思い込んでいる人がほとんどでしょう。

しかし、その思い込みのせいで、人の話を最後まで聞かずに途中で遮ってしまことがよくあります。これはとても残念なパターンです。

すでに第1章で語りましたが、人に好かれることを目的としたコミュニケーションは、いかに相手にしゃべってもらうかがキーとなります。つい「こちらもたくさん話さないといけないのでは」と思いがちですが、焦る必要はありません。

まずは〝話し上手〟より〝聞き上手〟に徹しましょう。

話す時間はバロメーターになります。一緒にいた時間のうち半分以上相手がしゃべっていたら勝ち。言い換えると「自分は好かれた！」と考えることができます。

究極の好かれるコミュニケーションは、自分はほとんど話さず、相手だけに話してもらうこと。そう、コミュニケーションは一方通行でいいのです。

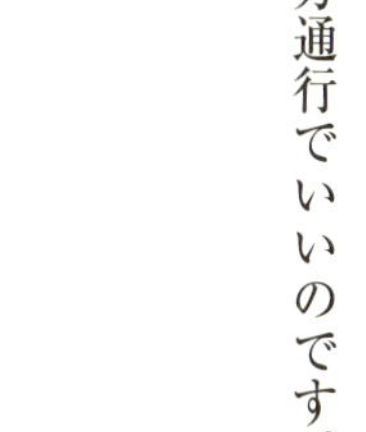

ここで少し真面目な話をします。

相手がたくさん話したら、なぜ自分が好かれるのかを説明しましょう。

じつは**「人が人を好きになる法則」**が存在しているのです。「人間には5つの本能欲求があり、それを満たしてくれる人を好きになる」と言われています。

人間の5つの本能欲求

①生存本能
②郡居衝動
③性欲
④好奇心
⑤自己重要感

この5つの本能欲求をどう満たしてあげるかを考えましょう。

①の「生存本能」とは、いわゆる衣食住への欲求です。だから、衣食住をお手伝いしてあげると相手に喜ばれます。

例

●おいしい料理を作ってあげる。
●ごはんをご馳走する。
●部下のクレーム処理をフォローする。（部下の減給を防ぐ）

②「郡居衝動」とは、人と群れていたい、一緒にいたいという欲求です。そのため、自分をグループに受け入れてくれる人を好きになるのです。入学、クラス替え、入社、転勤、サークル初参加などのとき、初めて声を掛けてくれた人に好意を持った経験が、誰にでもあると思います。その感情を引き起こすのです。

例

●「今日から仲間だから何でも相談して」と声を掛ける。

●食事会で話の輪に入りにくそうにしている人に話題をふる。

●話についてきていない人に説明してあげる。

③「異性への欲」は、説明するまでもありませんね。誰かに恋愛感情を抱いている人は、すでに相手を「好き」になっていますから。

④の「好奇心」を満たしてくれるのは、知りたいことや知らないことを教えてくれる人、世界観を広げてくれる人です。

例

●新しい体験を提供する。

（トライアスロン、登山など、未体験なことを一緒にやって世界観を広げてもらう）

●その人にとって有益な知識や情報を提供する。

⑤「自己重要感」とは、「自分は価値ある人間だ」と思いたい欲求のことです。
人間は誰しもこの欲求があるので、自分を重要だと感じさせてくれる人を、無条件で好きになると言われています。

例

●「あなたのおかげで人生変わりました」とお礼を言う。

●「皆が○○さんのことをスゴイ！と言っていましたよ」とほめる。

相手に話をしてもらうことは、この「自己重要感」を満たすことにあたります。
しゃべればしゃべるほど、つまり、人が話を聞いてくれるほど、「この人は私のことをわかってくれている」と感じられて、その人を好きになるのです。

もうおわかりですね。聞き上手こそが、好かれるコミュニケーションのコツ。話し上手であることより、話してもらえることの方が大切なのです。

人見知り、無口、口下手だと悩んでいた人も安心してください。すぐに人と打ち解けられなくても、じっくり相手の話に耳を傾ければ大丈夫。
まずはしっかり話を聞くことを心がけましょう！

10 好かれるために知っておくべき会話3タイプ

相手がたくさん話してくれて、好かれることに成功したら、次はテクニックを使ってもっと好かれてしまいましょう。

そのテクニックとは、前の章でも言った口調を合わせることです。まず、左ページの会話の例を見てください。

3例とも、言葉や口調を相手に合わせています。

これは「ミラーリング」や「ペーシング」などとも呼ばれるテクニックです。使う言葉を合わせるだけでなく、声の大きさや抑揚（トーン）、スピード、表情までをも合わせるようにします。

そして、感情も合わせることが大切です。「感情を合わせる」とはどういうことか、文字で表現するのは難しいですが、会話をタイプに分けることが、ヒントになると思います。

例

●食事シーンでの会話 3 タイプ

1
これ、マジやばいっすよね
※やばい＝「美味しい」の意味
ほんと、マジやばいよな
2
このビネガーソースが肉の味をさらに味わい深くしているんだな
そうですね、ソースとのマッチングによって、まさに肉本来の味をうまく引き出していますよね
3
まぁ、素敵な食器！色合いがとっても私好み♥ホント、こういうお食事の時間が一番幸せな気分だわ
ホント！お皿がお花畑みたいですね♥僕も素敵な食事の時間は、何もかも忘れられて幸せなんですよ

先ほどの会話例は次のようになります。

①子供タイプ………直情型（短絡的）：思ったことをそのまま自分の言葉で話す。
②お父さんタイプ…理論型（威厳的）：知識が豊富で難しい言葉を使う。
③お母さんタイプ…感情型（抱擁的）：感じたことを皆と分かち合おうとする。

僕は人と会うときに、この3つのタイプの中でどれがぴったりかを考えて、言葉を合わせ、そして、感情を合わせています。

相手のタイプを見極め、どんな感情を抱いて話しているのかを考えて、それに合わせることが、本当の意味で口調を合わせることです。

また、「ああ、この人はお母さんタイプだな」などとイメージを描きながら話すと、言葉選びに悩むことが減って、話がしやすくなります。相手は、子供・お父さん・お母さんのうちどの傾向が強いのか、考える習慣をつけてみてください。

あなた自身は何型で話をしていることが多いでしょうか。
お父さん型？　お母さん型？　子供型？
自分を分析すると、相手のタイプがわかりやすくなってきます。

11

言葉を変えると人生が変わる!!

出来事が人生をつくるのではなく、言葉が人生をつくる。

そんなフレーズを聞いたことはありませんか。


「人生は言葉だけで変わる」とも言えます。

プラスの言葉を発していると、表情や動作は明るくアクティブに変わっていきます。まわりからは楽しそうに見えて、同じようにポジティブな人が集まって来るのです。


世の中を見まわしてみると、いつも笑顔の人ほど成功しています。

成功者はプラス思考です。プラス思考の人が集まると、ツキを引き寄せ、その人たちの人生が好転していきます。

口にする言葉をプラスなものにしてみましょう。たとえ感情がマイナスの状態でもかまいません。プラスの感情は後からついてきます。

現実には、やる気が起きない日も、嫌なことやつらいことが続く日もあるでしょう。モチベーションが下がるときは誰にだってあります。

でも、だまされたと思って、言葉をプラスにしてみてください。調子が良いとき、嬉しいときの言葉を思い出して、声に出してみてください。

プラスの言葉を発したときに気分が良かったことを、あなたの脳は覚えています。心地良い言葉に伴う高揚感を、脳はプログラミングして再現してくれます。

〝日本一のメンタルトレーナー〟として知られる西田文郎先生はこう言っています。

「脳というものは、現実に起こっていることとそうでないことを判断できない」と。この脳の仕組みをうまく利用して、先に言葉を発してしまいます。

「最高！」

「幸せ！」

「嬉しい!」

すると、脳はすっかり勘違いして、感情を言葉通りに変えてしまいます。先に脳に言葉を送りこむことによって、心や気持ちは変えられるのです。

「自分はマイナス思考な方だ」という人も安心してください。

今日から言葉を変えることで想いを変えていきましょう。

言葉を変えると人生が変わります!

12

言葉だけで人を幸せにする〝きり返し〟を練習しよう

プラスの言葉を習慣にできたら、次は人の言葉もプラスにしてしまいましょう。

いつも否定的な言葉で話をする人や自分の短所ばかりを話す人が相手でも、あなたの受け答え、きり返しを肯定的にすることによって、その人の言葉や考えを変えることができます。これを僕は**きり返し**と言ってます。

明るく、面白く、どんどんきり返しましょう！

ただ、このきり返しはコツがいります。

相手のマイナスな気持ちを否定せず、それをプラスに変えることをめざして取り組みます。相手の感情を受け入れて承認できることが必須条件です。

さて、どうやってきり返すか。

僕の場合は毎日24時間練習しています。いや、24時間は大げさですが、それくらい練習している気分なのです。

達人は一日にして成らず。

まわりの人たちを幸せにしたくて、僕は日々、準備と練習を重ねています。その練習の成果をここに少し書いてみますね。

例

きり返し例

「人見知りなんです」

⬇うまく話さないと、相手の気分を悪くさせたり、
傷つけてしまったりすると考えてしまうんですね。
人見知りだと言う人はみんな、
相手に気遣いができる人です。人見知りはやさしさですよ。

「太っています、私」（相手が女性の場合）

⬇思っているほど、男は女の子が痩せている方がいいとは考えていないよ。

「仕事がうまくいかなくて、落ち込んでいます」

⬇僕もまったく一緒です！
あなたの責任感の強さがそれだけ落ち込ませるのですね。
その責任感と向上心を僕も見習います。

「死にたいのです」

⬇それくらい真剣に生きているのですね。

「お料理できないんです」

⬇他に考えないといけないことがいっぱいあるんだね。

できないんじゃなくて、やっていないだけだよ。

「失敗してしまった！」

➡何が失敗だったか原因分析できる能力がすごいです！

「ここの料理まずいですね。」

➡自分たちがまだこの店の味についていけてないだけだよ（笑）

「うわ！　急に雨が！　最悪ですね！」

➡今日は「どんなときも備えることが大切」って学べたね。

目標は、ネガティブな相手の視点を前向きに変えさせることです。が、１８０度いきなり変えることは難しいもの。ヘタにアドバイスをすると、場合によっては

「あなたに私の気持ちなんてわかりっこない！」なんて言われて、人間関係が悪くなってしまうこともありますね。

相手の感情をそのまま受け入れて「それって角度を変えて見ると、じつはプラスの感情にすらなるね」といったニュアンスで、相手に気づきを与えることが大切です。


コミュニケーションの達人とは、常に場を楽しくさせることのできる人だと、僕は考えます。達人はどんなマイナスの言葉に出逢っても、間髪いれずにきり返すことによって、相手を笑顔にしてしまいます。

自分のきり返しによって悩んでいた人や落ち込んでいた人の気持ちを前向きに変えることができるなんて、素晴らしいことだと思いませんか。


僕は口のまわりの筋トレに励んで、世の中を幸せにするつもりです。

マイナスのフレーズをきり返す言葉を考えて、自分のものにしておきましょう。

WORK 2

きり返しに挑戦！

マイナス発言をきり返してみましょう。

・やる気が出ないんです。

⬇

・そのアイデアを実現するのは難しいですよ。

⬇

・人前でうまく話せないのです。

⬇

・この仕事、向いていないように思います。

⬇

・この目標は理想ですからムリでしょ。

⬇

WORK 2

きり返しに挑戦！2

よく出逢うマイナス発言を書き込んで、きり返しフレーズを用意しましょう。

・

⬇

・

⬇

13

敬一流すべらない話

きり返しのフレーズ以外にも、あらかじめ用意しておきたいものがあります。話題に困ったときに備えて、場が盛り上がる「すべらない話」を用意しましょう。

すべらない話というのは、芸人さんみたいに必ず〝ウケる〟という意味ではないので安心してください。

要は、会話が途切れなければいいのです。自分がきっかけをつくって、まわりの人たちがどんどん自分自身の話をし始めるようになれば、目的は果たせています。場を盛り上げる話題を提供してくれたあなたに、みんなは好意をもつはずです。少しの準備をしておくだけで人に好かれるのですから、今から始めてみませんか。

すべらない話は、自分の得意分野から話題を見つけるとうまくいきます。

たとえば僕の場合は、話す相手は男性限定ですが、「一夫多妻党をつくろう！」という話がありますw（笑）。

この一夫多妻党。多くの男性に共通する「女性が好き」という思考を利用しているので、メンズにはウケます。

心に抱いていても普通はなかなか言葉にできないことですから、ユーモアたっぷりで話をふれば、場は大いに盛り上がります。

常々考えている案件について他の人と意見を交わすと、相手と共通語ができます。そして、仲間としての一体感を生み出せます。

本音を揺さぶる話は、ついニヤリと微笑んでしまいますよね。

「いやぁ、じつはね……」と順番に自分の意見や体験を話していけるのがいいんです。目上の方がこの話にのってきてくれたら「党首！」と呼ぶ。これが敬一流です。

WORK
3

すべらない話を用意しよう。

僕流のすべらない話を少し紹介します。
その後に自分流のすべらない話を書き加えてください。
ネタは得意分野から選んでみましょう。
相手がのってきそうな話題を考えて、質問にひとひねり加えるのがコツです。

恋愛観

- 今まで異性に言われてグッときた言葉は？ もしくは仕草は？
- 一緒に食事をするのに、こんな人だけはイヤ！ ってどんな人？
-
-

仕事について

・今の仕事を他の人にも勧めたい？

・もし生まれ変わったら、どんな仕事をしたい？

・

・

夢について

・夢ってどうやって決めたらいいんでしょう？

・今まで描いた夢で一番くだらない夢は？

・

・

WORK 3

やりたいこと

・来年一年でやるとしたらどんな習い事をしたい？

・

・

・

趣味について

・変わった趣味をもった人ってまわりにいますか？

・

・

・

スポーツの話

・日本の第二の国技にしたいスポーツは？

・

・

・

体の話

・コレって自分だけ？って思うボディ・フェチはある？
親指フェチとかヒザ小僧フェチとか……。

・

・

14

困ったときは○○の話

すべらない話が思い浮かばない皆さま、こんな話ならどうでしょうか？

「好きなマンガは何ですか？」

「子供の頃、どんなマンガを読んでいましたか？」

マンガ。これは誰もが語りやすい話題です。子供の頃、そして大人になった今でも、マンガに影響されている人は多いですよね。

誰かがマンガの話を始めて、それを知っていれば、会話は盛り上がります。知らなくても、好きなマンガから、その人の価値観をうかがい知ることができます。

好きなことを話すのですから、相手は身構えることなく言葉をどんどんつないでくれます。

聞く側にしてみると、「好きな理由」「その頃の時代背景」など、質問の要素がいっぱいあって、延々と会話を続けていくことができます。

マンガを使ってさらに会話を盛り上げるテクニックもあります。

「そのマンガに出てくるキャラクターで言うと、私は誰にあたりますか?」と質問してみましょう。


なぜそのキャラクターなのかを教えてもらうと、その人が愛着を感じる物や異性観など、様々なことを知ることができます。マンガが架け橋になって、年齢差、性別、職業の違いなどを簡単に乗り越えることできるのです。

相手が自分のことをどう見ているかを知るチャンスとも言えます。そのマンガのどんなポジションに自分を置いてくれるのか、興味津々ですよね。


いつの時代にもある〝ヒーローもの〟を話題にすると、面白い話が期待できます。昔のヒーローは「仮面ライダー」をはじめ、完璧にかっこいいヒーローが多かった。今は「ワンピース」のように、ちょっとカッコ悪くて面白いヒーローが主役です。

ヒーローに関してどう思うかを聞いてみると、今後のコミュニケーションにも大いに役に立ちます。

仕事仲間の〝ヒーロー観〟を垣間見ると、上手なフォローの仕方や持ち上げ方が見えてきて、職場のコミュニケーションがより円滑になるでしょう。

相手をよく知り、相手の好きなポジションを把握することは、自分が好かれることにもつながります。

15

大切なことはサンドイッチ話法で

人と話をするときに一定のリズムで話し続けていると、聞いている人は飽きてしまいます。声の大きさに強弱をつけ、抑揚のある話し方を心がけましょう。

また、大切な話をするときは「特にここが大切！」と、はっきり伝えましょう。

聴いてもらうために、身振り手振りで注意を引くことも重要です。

そして、話の内容は、波のように変化をつけて。


本当に大切なことを伝えるには〝サンドイッチ話法〟が有効です。ユーモアとユーモアとの間に本題をはさんで「これだけは覚えてもらいたい！」と意思表示をする。

これが〝会話の王道〟です。

説教じみた話し方を続けていると、受け手は逃げ場を失ってしまいます。

大切なことはユーモアにはさみこんで、身振り手振りを大げさにしながら、しっかり伝えましょう。

例があるとわかりやすいですね。

僕がお店で「自分のモチベーションが低い」と落ち込んでいるようなスタッフとする会話を紹介します。相手の気持ちを盛り上げるように話すのがポイントです。

スタッフ（暗く硬い表情で）

「僕、仕事もうまくいかないし、

ホストとしてのセンスがないのかなと思うんです」

僕

「俺もそう思う！（笑）

そうやな。お前はほんまにセンスないもんな。

まわりのスタッフもみんな言ってたし、お前の両親も言ってたわ！（笑）」

スタッフ「えー!?」

（思わず笑ってしまい、肩の力が抜けてリラックスした表情に）

僕　「冗談は別にして、俺は物事を真面目に考えるところが、
おまえの一番いいところだと思う。
悩んでいるということは、向上心があるということやしな。
向上心がなかったら、現状でいいんやから悩むこともないしな。
より良くあろうとする、おまえの向上心が現実とのギャップで悩ませてるねん。
だからそれだけ深く悩んでるおまえはすごいイイ男になるで！
悩みは人生の宿題。悩んで良かったと思える自分になれるよう頑張ってほしい。
ただ、悩みに押しつぶされたら元も子もない。
たまには息抜きも必要だからリラックスしろよ」

スタッフ「はい、わかりました！」

僕　「ま、これも冗談やねんけどな（笑）」

モチベーションに関する悩みを相談されると、僕はスタッフに「最終的にどうなってほしいか」を伝えようとします。大切なのは、自信をなくしているスタッフに「きみは価値ある人間だ」とわかってもらうこと。それをしっかり伝えるために、本題をユーモアではさんで話をします。

話の流れにメリハリや落差があると、相手は助言を聞き入れやすくなりますね。

昔のテレビドラマに出てきた熱血教師のように終始熱い語り方では、今の時代は人が話を聞いてくれない可能性があります。

相手にズシーンと重いことを伝えたいときは、強いパンチの連続では響きません。強力パンチと軽めのパンチを組み合わせます。重要なところは強く、あとは軽く。どこが一番伝えたいところなのか、相手にわかるように話します。

ボクシングではパンチに強弱があるからこそ、強いパンチが効く。それと同じ。ユーモア、笑い、どうでもいい話を交えてこそ、伝えたいことが生きてくるのです。

真面目な話をするときこそ、相手に緊張感ばかりを与えず、安心感を与え信頼してもらうように心がけましょう。その方が、気持ちが伝わり、相手に好かれ、真に相手のためにもなります。

16

ユーモアは本当の気遣いだ

会話中に忘れてはいけないことは、よく笑うことです。

笑うという手段は、誰でも使えて、いつでも変わらず効果が出ます。

「人気がある」ところは、字のごとく「人の気がある」ところで、明るく華やかで、そこには必ず笑い声があります。

皆に好かれている人は明るい。そして、明るい場所に集まりたくなるのが人間です。笑い声が聞こえてくるグループには、新しい仲間が次々に入ってきます。

しかし、笑うことは案外難しく、自分ではできているつもりでいても、できていない人がたくさんいます。笑顔を長時間保てない人も多いですね。

自分は「あまり笑っていないな」「笑顔が苦手だ」と思う人は、まずは口角を上げることから始めてみましょう。

癖は反復からできあがります。新しい癖は、同じことを反復する訓練で身につけることができます。

笑顔は相手に安心感を与えます。笑顔は伝染します。よく笑う癖をつけて、人気者になりましょう。やってみる価値は十分あります。


自分が笑うことと同様、人に笑ってもらうことも大切です。

ユーモアで笑ってもらうことは、円滑なコミュニケーションの大きなポイントです。


人は、潜在的に他の人に対する恐怖心を抱いています。

自分の領域であるパーソナルスペースというものがあって、常に人との間に一定の距離を保とうとしているということを、まず覚えておきましょう。

悪気はなくても近づいてくる人間に対して「この人は自分の味方なのか敵なのか」と無意識に警戒してしまうのが普通です。恐れを早く取り除くのに有効なのは、笑ってもらうことなのです。

初対面の相手は早く笑ってもらい、出会った瞬間の緊張をほぐしましょう。会って間もないタイミングで笑ってもらうことは、安心感を抱いてもらう一番の近道です。

「ユーモアは本当の気遣いだ」と僕は考えています。

ユーモアで相手に安心してもらうことは、好かれることへ最短距離で到達する方法でもあります。

では、どうやって相手に笑ってもらうか。それは後でいろいろお伝えしますね。

コラム 2

誰にでも親しみをもってもらうキャラクター設定

話を弾ませるマンガの話題は、セルフプロデュースにも使うことができます。

つまり、自分のキャラクターをマンガやアニメの登場人物にあてはめるのです。するとと、自分をアピールするポイントが伝えやすくなります。

「自分にそっくり」あるいは「自分はこうなりたい」というキャラ設定を、マンガの世界でしてしまいましょう。

たかがマンガと侮らないでください。やってみると、じつに楽しくわかりやすく、人に自分という人間を伝えられます。

僕の場合、イメージキャラクターは「ルパン三世」です。

世界一の大泥棒という大物でありながら、茶目っけもある。独自の美意識をもち、服装も行動もおしゃれ。優秀な仲間に恵まれて、大きい仕事をする。そして、ここからは僕の独断ですが、お金や宝石は本当に大切なものじゃなく、もっと大切なものを知っている。常に女の子を追いかけつつも、じつは一途で〝愛しの不二子ちゃん〟の手のひらで転がされている……。うーんめざすところです。

僕のお店のスタッフたちも、自分の見せ方に悩んでいることがありました。そこで、キャラクター設定を考えるセルフプロデュースの研修をしました。お互いに発表し合ってみると、それぞれが皆になじみのあるキャラクターを取り上げて、わかりやすく納得してしまう設定ができました。

マンガのキャラを使うと、お互いの感覚にズレが少なくなります。

自分のキャラをマンガやアニメのキャラクターで説明してみると、相手は喜んで、すぐに答えを返してくれるはずです。

「自分はどのマンガのどの人か」を今から考えておきましょう。

また、親しくなりたい人には「どのマンガのどの人になりたいですか？」と、今度会ったら質問してみましょう。

第3章

「はじめまして」の戦い方

17

自己紹介は後で話しかけてもらえる仕掛けを

初対面のコミュニケーションは「試合だ！」と第1章で書きました。

その試合で勝ち、相手に好かれるためのテクニックを、この章では紹介します。


「最初のハードルは自己紹介」と言う人が多いと聞きます。

考えてみてください。今まではどんな自己紹介をしてきましたか。

たいがいの人は名前、職業、趣味……と話していきます。話す項目は同じでも、印象に残る人とそうでない人がいますよね。

自分のことを知ってもらう貴重な自己紹介。あなたは有効に使えているでしょうか。


大切なのは、聞く人に**「後で話してみたい」**と思ってもらうことです。後で話しかけてもらうための〝仕掛け〟を自己紹介の中に盛り込むのです。

「新しく出会った人に、こんなことを質問されたいな」「こんなことを語り合いたいな」と胸躍らせながら自己紹介を考えてみると、話す内容が次々に浮かんでくるはずです。

職業、会社名、役職を説明することが自己紹介なのではありません。

自分は「こんな人間です」「将来こんな人間になりたいんです」とユーモアを交えて話せば、人から興味をもってもらえます。

「私と同じだ」「それ、わかる」などと共感してもらうことをめざしましょう。

それには自慢話はいけません。

努力していること、苦労していること、今だから笑える失敗などを潔く話してしまいましょう。頑張っている人間を、人は応援したくなるものです。

自己紹介の大切な要素

①ユーモア、笑い（相手がリラックスして話を聞けるように）
②自分はどんな人間であるかを説明
③失敗談、苦労話
④夢、志、どう生きたいか
⑤後で盛り上がりそうな話題、気になること

⑤は、自己紹介の中で話題をふって、謎を残して「後で聞いてきてください」と伝えます。自分の仕事やキャラクターを生かしてネタをふりましょう。

では、例として、僕の自己紹介を。

「はじめまして、井上敬一です。
こんな中途半端な顔をして、なんとホストで5年間ナンバーワンという偉業を成し遂げ、男は顔じゃないということを証明して、みんなに夢と希望を与えた男です！

いろんな方から『たくさん儲かって楽しそうですね』などとよく言われますが、じつは悩みがあります。昔、スタッフのおばあさんが亡くなられ、葬儀に行こうとしたのですが、そのスタッフからは『ホストやってるのがバレるので、来ないでください』と言われました。スタッフは家族だと思っていたので、この仕事のせいで身内の葬儀にも出られないのかと、非常にショックを受けました。

それ以来、ホストという仕事を、自分の親に堂々と胸を張って言えるような職業にしたいと、スタッフと共にボランティア活動や街の清掃活動に取り組み、日夜、人材教育にも力を入れています。

まだ世間の風当たりは冷たく『所詮ホストでしょ』とか『女の人をだます仕事でしょ』などとよく言われますが、必ず社会に認められ、スタッフが誇りをもって働ける業界にしたいと思っています。

最後になりますが、職業柄、日夜勉強してきたことでみなさんに提供できるのは、男性には『キャバクラで必ずモテる方法』、女性には『初対面で必ず男性に好かれる方法』です。後でこっそり聞いてきてください♥」

以上、僕の基本的な自己紹介でした。

ユーモアを交えて話し始めることが大切です。ユーモア、笑いは聞いている人の肩の力を抜いてくれます。まずは相手に安心感をもってもらうのです。

そして、後で質問をしてくれることを想定しながら話します。気になりそうな内容を盛り込んで、「なぜ?」と疑問を抱いてもらうのです。このスピーチでは、どうして僕がナンバーワンを5年間もキープできたのか、どんな人材育成をしているのか、どうやって初対面で男性に好かれるのか、等々、後で話しかけやすい話題を散りばめています。

自分が信念を持って取り組んでいること、これから成し遂げたいこと、さらには社会貢献に励んでいることなども語ると、応援してくれる人が増えます。話を聞いた人が、何かあなたの役に立つ情報をもっていて、教えてくれるかもしれません。聞いた内容を別の場所で他の誰かに伝えてくれるかもしれません。

あなたの自己紹介が一人歩きすることが理想です。

さあ、自己紹介を考えて、練習してみましょう!

WORK 4

自分をプレゼンしてみよう！

自己紹介で話す内容を考えてみましょう。
次の①～⑦に答えると、
人に興味をもって聞いてもらえるスピーチの要素が出揃うはずです。
内容を考えた後は、声に出して練習してください。

①仕事以外で自分をアピールできる点は？

WORK

4

②本気でやっているのはどんなこと？

③信念をもって進めているのはどんなこと？

④後で話し掛けてもらいたい話題は何？

⑤人に覚えてもらいやすい自分のキーワードは？

⑥人にどんな情報を提供できますか？

18

コンプレックスは先に言うと人に好かれる

自己紹介が済んだら、なごやかな会話を心おきなく楽しみたいですね。

コンプレックスを先に話すと、相手を安心させることができ、話が弾みます。

つい、人はコンプレックスを隠そうとしますが、会って早い段階で自信のないことをさらけ出した方が、早くいい間柄になれます。ただし、重く伝えるのではなく、あくまでも明るく話します。

あえて書きますが、頭が薄い、太っている、ルックスに自信がない等々、何でも先に言ってしまうのです。たとえばこんなふうに、明るくユーモアたっぷりに。

「ハゲですみません！」

僕もじつは最近……薄くなってきています（笑）。それで、こう言っています。

「美容室ですきすぎました！」

「髪の毛を自分で抜いちゃってます！」

僕と直接会う前に「5年間もナンバーワンをキープしたホスト」なんて噂を耳にしていた方は、「目の前に超男前が現れる！」と期待してしまっていることが多いのです。

だから、予想に反して現れた、僕の中途半端な顔に気をつかわせないように、お会いしてすぐ笑わせます。

「昔カッコ良すぎたので、ブサイクに整形しました！」などと。

相手がリアクションに困っていても、さらに明るく笑顔を忘れずにしゃべり続けます。

これは相手への思いやりです。

見た目、髪が薄かったりすると、相手は目のやり場に困ります。「本当にナンバーワンだったの？」と聞きたくても聞けずに、口が重くなってしまう人もいます。

余計な気をつかわせるより、ルックスの話なんて笑い飛ばして、人間としての中身を話題にしたコミュニケーションに早く進んでいった方が良いと思いませんか。

自分が気にするほど人は気にしていない。そう決めつけて前へ進みましょう。勇気をもってコンプレックスをさらけ出すと、正直な印象を与えて人に愛されます。

恋愛においても、自分のコンプレックスや悪いクセを先に話してしまうと、相手が好印象を抱いてくれるケースが多いものです。

もちろん、恋を発展させるには、人間的な魅力を伝えることが必要ですが。

19

トップセールスマンがもつふたつの鍵

営業職の人だけでなく、どんな人も自分を売り込む必要に迫られることがあります。

僕は現役のとき、「ホスト」という、その言葉の響きだけで、相手に身構えられたり、話を聞いてもらえなかったり、散々な目に遭ってきました。

ホストは自分自身が商品。お酒でもなく、場所でもなく、まず自分。それなのに、話すら聞いてもらえない。これは相当、困った事態です。

なんとか乗り越えようと、僕はふたつのことを心がけました。

①相手の心配事をなくす。

②都合の悪いことは先に正直に話す。

このふたつの鍵でお客様の心の扉を開くようにしていたのです。
まずお客さんの心配事をなくすために、いち早くお店の料金システムを伝えるようにしました。

次に都合の悪いこと……。

昔話ですが、お店をオープンした当初は、お客さんに「はっきり言って男前はいないです。お店は僕ひとりなんです」と先に話していました。その頃は、鍵を閉めてお客さんを呼びに行き、鍵を開けてお客さんと一緒にお店に入る、ということを繰り返していました。
これ、本当の話。今となっては、いい思い出です。

もしあなたに売りたいものがあるなら、相手の立場になって考えてみてください。とにかく安心してもらえるように、心配事をなくしてあげましょう。
セールスマンの場合は、自社の商品が他社のものと比べて劣る点があれば、それを先に言うのです。その後に優れている点を言います。これで、セールスマン自体が信用され売れるようになります。すると、続いて商品も売れていきます。

商品や会社が完璧なことはあり得ない。人も同じ。

正直に話すことは商売の基本です。

自分を売り込むことは、相手に「あなたから買いたい」と思ってもらうことです。つまり、あなたを応援してくれる人を探すことです。

正直に自分をさらけ出すと、人は受け入れてくれます。このテクニックは、仕事だけでなく人生や恋愛の様々な場面で、よーく効きます。

20

秘密を共有すると親友になれる

初対面でのテクニックをもうひとつ。

いきなり「ふたりだけの秘密」をわざとつくるのです。

「秘密」って、なんだかイイ感じがしませんか。

小さい頃に友達と、ふたりだけの秘密基地を他の人には内緒でつくって、ワクワクした経験がきっとあるでしょう。そんな感覚を初対面の会話に盛り込むのです。

秘密を聞かされた相手は、あなたを特別な人のように思い始めます。

だから僕の場合は、身体的なコンプレックスを語って、相手に秘密を共有してもらいます。

「僕、小指が少し歪んでいるんです。僕が通った保育園では、入園時に儀式とし

て、全員小指を折られることになっているんです（笑）

これから『小指いがみ（ゆがみ）』と呼んでください！　井上と書いて『いがみ』と言うんで、『小指いがみ君』って覚えてくださいね（笑）」

もちろんユーモアたっぷりに話します。

コンプレックスをいきなり深刻なムードで打ち明けられても、心に重いだけです。笑って、秘密を共有してもらえば、相手は「自分に安心して話してくれた」とうれしくなって、もうあなたをいきなり親友扱い！

アプローチの方法はいろいろあります。自分の生い立ちに隠された秘密、世間が知らない我が社の秘密、過去の恋愛での秘密などを語ってみましょう。

秘密の共有は、ふたりの心の距離を縮めます。

21

モテるあだ名のつけ方

「いきなり秘密を話すのはちょっと……」と抵抗がある方には、別の方法。

あだ名をつけましょう。

学生時代はあだ名で呼び合う友達もいましたよね。その友達とはお互いの距離感がかなり近かったはずです。

あだ名を呼び合う人とは結束が固い。あだ名は仲間意識の表われ。

だから、初対面であだ名をつけて、すぐに親しくなってしまうのです。

ただし、ネーミングにはコツがあります。

まず、「いつも何と呼ばれていますか?」「あだ名は何ですか?」などと質問して、答えを教えてもらったら、それとは違う名前をつけます。こんなふうに。

自分「お名前は？」
相手「日本太郎です」
自分「いつも人からどう呼ばれますか？」
相手「たろちゃん、たろさん、と呼ばれることが多いですかね」
自分「あぁ、そうなんですね。
じゃあ、これから『にっちゃん』って呼ばせてもらいます！（笑）
よろしいですか？」

「えっ！」と驚かれるほど、これまでと違うあだ名をつけてしまいます。
自分だけが使う呼び名をつくる。これは効果抜群です。初めての呼び方なのでインパクトは満点。ふたりだけに通じるので秘密を共有した気分。相手はまるで「秘密を握られちゃった」感覚になるのです。

このテクニックは、恋愛にオススメ。特に女子にオススメです。

気になる男子に自分をアピールしたいときは、こんな作戦で急接近しましょう。
「私にあだ名をつけて」作戦。
「あなたのあだ名をつけさせて」作戦。

男性は独占欲が強い生き物なので、自分しか使わないあだ名を女性につけると、〝極上の秘密〟を共有した気分になってしまいます。

自分たちだけが呼び合う名前ができると、次に会ったときはお互いの距離感はグッと近づきます。もちろん恋愛に発展することも大いに期待できます。

WORK 5

あの人にあだ名をつけよう！

まわりの人たちに新しい呼び名をつけてみましょう。
もっと親しくなりたい人のあだ名を考えると、
ワークがますます楽しくなります。

相手の名前	今までの呼び方	新しい呼び方

22

人の呼び方を変えると急に好かれる!!

目上の人に一瞬で好かれる方法もあります。

それは、呼び捨てにしてもらうこと。すると、相手から可愛がってもらえます。

僕がこんなに呼び方にこだわるのは、人間関係の法則に気づいたからです。

日常、人をどう呼ぶかを思い起こしてみてください。友人、知人、上司など。

その人との関係は、呼び方によって決まっていると思いませんか。

「○○くん」「□□ちゃん」「△△さん」や「☆☆先輩」「◇◇先生」、あるいは、呼び捨て、あだ名。いろいろな呼び方がある中で、自分の主治医や師匠にあたる人には「~先生」を使い、親しい間柄の人にはあだ名で呼んだり呼び捨てにしたりして、相手によって呼び方を使い分けています。

じつは呼び方は、相手との人間関係や距離感も表わしています。
距離感によって呼び方が決まる。このことをうまく逆利用するのです。
呼び方を変えて、好みの距離感をつくってしまいます。

ある異性と知り合って恋人になると、途中で呼び方は変わっていきますよね。その変化を例にとると、わかりやすいと思います。

付き合う前に「太郎さん」「花子さん」と呼び合っていたふたりが、付き合い始めて「太郎ちゃん」「花子ちゃん」に。そして、男性の方が「花子って呼び捨てにしてもいい?」などと言い出すことがありますね。
相手から呼び捨てにされて胸がキュンとなったり……しますよね? これは相手と自分との距離がググッと縮まったことに喜びを感じているからです。

恋愛以外でも同様です。
会社の同僚とプライベートな話もする間柄になると、「お互いに呼び捨てにしない?」などと提案して、さらに親しくなることがあります。

仲間意識を強くするために、呼び捨ては効果的な方法です。まわりから見ても、呼び捨てにし合っているふたりは、関係が他より深いように感じられます。

人と人との距離感は、呼び方によって変わっていくのです。


僕は目上の人に「井上さん」「敬一くん」と呼ばれた瞬間、こうお願いします。

「僕の方が年下なんで、呼び捨てにしてください!」

相手に「敬一」と呼び捨てにしてもらうと、すぐに距離が縮まり、僕はその人から可愛がられる存在になります。つまり、好かれるのです。


さらに応用して、憧れの先輩に会ったら、言ってみましょう。

「兄貴って呼んでもいいですか?」

「○○先生って呼んでもいいですか?」

「弟子にしてもらっていいですか?」

無邪気に言ってしまえば、先輩方は「仕方ないなぁ」などと照れながら、あなたを受け入れて可愛がってくれるはずです。


弟子入りは、勝手にしてしまうのがミソです。師匠が弟子を育ててくれますから。

興味のある相手には、ぜひ弟子入りを！

反対に相手が年下でも、親しくなりたいと思うときは、遠慮せずに声を掛けてあげてください。「今日からおれの弟子だね！」とか「呼び捨てにしてもいい？」などと後輩を可愛がりながら、一緒に成長していきましょう。

ただし、年齢に関係なく、誰にでも敬意をもって接することを忘れないでください。


あなたは誰と距離を縮めたいですか？

チャンスが来たときに慌てないように、新しい「呼び方」「呼ばれ方」を考えておきましょう。

23

ひらがなで話そう

一対一ではなく、大勢を相手にして話すときのコツもお伝えしましょう。

僕は講演会やラジオパーソナリティーの仕事をさせていただくこともあり、そのときは次のふたつのことを特に意識しています。

最初に結論や答えを言う。

わかりやすい言葉で伝える。

伝えたいことは先に話す。そして、最後にも結論を話す。

そして、一番伝えたいポイントは「ひらがな」にします。シンプルに短い言葉で、小学校低学年の子供にもわかる言葉を選んで話すと、相手にしっかり伝わります。

うまく伝えようとしてくわしく説明しすぎると、かえって話をわかりにくくしてしまいます。また、難しい専門用語や外国語を使うのは、ただの自己満足にすぎません。

コミュニケーションの達人ほど、やさしくわかりやすい言葉で端的に話します。

企画をプレゼンテーションするなど、何かを提案するときは、これも大切です。

起承転結。

ドラマのようにストーリーで訴える方が、話は伝わりやすくなります。

提案は自分中心に話をしてしまいがちですが、人を巻き込んでいくには、相手に当事者意識をもってもらうことが必要です。話が絵空事と思われないように、「あなたが主役になります」というドラマづくり、ステージづくりを意識しましょう。

相手は、そのドラマの中にメリットを見出せば、身を乗り出して聞いてくれます。「得を納める」と書いて「納得」ですから、どんな「お得感」があるかが大切です。

話を聞いて感銘を受けた人たちは「自分が主役」になっているので、企画に取り組みたいと思ってくれるはずです。プレゼンをしたあなたを「応援したい」と考え、自発的に行動してくれるでしょう。

じつは僕は、大勢を相手に話す場合、男女の比率を気にしています。

男性が多い場合は「世の中を動かす」「日本を変える」といった、抽象的だけれど大きな志が感じられる話をします。期待がふくらむ要素をちりばめるのです。男性向けにプレゼンテーションをする際は「この企画が通れば、あなたの会社はすごいことになりますよ！」などと相手の心を動かします。

女性に向けての提案は「身近なところが幸せになる」話が好評です。「まわりが得する」と想像できる話をして、聞いている人をワクワクさせましょう。

男は「日本のため」、女性は「半径2メートルのため」に頑張れます。

性別によって訴えるポイントを変えてみる。

ぜひ、試してみてください。

わかりやすく話すことは、相手が何人であろうと大切なことです。

かみ砕いて、わかりやすく、さらにはストーリー仕立てで伝えることができる人は、人を感動させ行動させます。そして、結果を生み出します。

24

店員さんに一瞬で好かれるには？

僕は日頃から、新しいお店に入り、知らない人に会うように心がけています。講演や研修、セミナーなどで全国へ足を運ぶことが、おかげさまで増えているので、新しい出会いに心弾ませる機会も多くなってきました。

初めての街では、その土地の名産や銘菓を食べ、由来などを現地の人にどんどん質問します。歴史があるなら、それもリサーチ。教えてもらった知識は即アウトプットします。その土地の人間のように、名産を愛し宣伝する。いわば親善大使です。

どの土地に対しても興味をもつと、格好の話題集めにつながっていきます。慣れた街で新しいお店に行くときも同じ。興味津々で挑みます。

たくさんの話題と情報をもつと、人に話したときに、その人の好奇心を満たすことができます。そして、好かれることにもつながるので、意識して情報収集しています。

ここで、お店の人に好かれる方法を紹介しましょう。

それは簡単。一日に2回行くのです(笑)。

その日のうちに再来店。そうすると、絶対に顔を覚えてもらえます。一日2回行くのが難しければ、あまり日をおかずに通い詰めるのです。

店員さんの名前を呼ぶのも有効です。あだ名のテクニックを応用して、店員さんに新しい名前をつけると、大勢のお客さんに埋もれずにしっかり覚えてもらえます。

一番好かれる方法は〝営業部長〟になることです。

まず、改善の余地がある部分を見つけて、クレームではなく、助言をお店に伝えます。悪いところを指摘してくれるお客さんはなかなかいないので、そういう情報を提供すると、信頼され重宝されます。

その上で「一番の売りは何か」「どの商品が売れ筋か」「誰が責任者なのか」を聞き出します。お店のトップセールスマンになった気分でやるのがコツです。

情報を仕入れたら、「今度誰か紹介するね！」とアピールします。

実際に知人を連れて行くと、当然お店の人から好かれます。自分が一緒に行けなくても、「○○（自分）の紹介で来ました」と来店する人を増やすのです。

お店を人に紹介するときは、責任者などキーマンを訪ねられるようにすること。ここがポイントです。なぜなら、キーマンは権限があるのでサービスがしやすい。ちょっとした心配りをすることで、知人がお店を気に入れば、他の人にも紹介してもらえます。

さらに、インターネットを使ってブログやフェイスブックでお店を紹介。

グッズがあれば身に着け、ステッカーがあれば携帯電話などに貼って、自分にできる「宣伝につながること」を積極的にやっていきます。

「名刺10枚ください。微力ながらお店のことを広めさせていただきます」というのもいいです。

人のために動くと、必ず自分に返ってきます。いずれお店の人たちが、逆に自分のセールスをしてくれるようになるかもしれません。

自分の紹介で誰かがお店を訪ねると、当然、自分が話題になります。人の数が増えれば増えるほど、あなたのことをお店が応援してくれるようになっています。

さあ、気に入ったお店で営業本部長になりましょう。

コラム 3

「はじめまして」のNG集

ここでコミュニケーションにお得な情報を。

それは、「言ってはいけないことがある」ということです。

初対面の人と話していて、なんとなく「これからのお付き合いは考えられない」と思ってしまうことがありますよね。

これっきりになる原因は、相手の話や態度に原因があるのではないでしょうか。

人に「もう一度会いたいな」「あと少し話したいな」と思ってもらうために、言ってはいけないことを整理しておきましょう。

例

NGな話題や態度

①自慢話

②秘密主義
③横柄な態度（話す相手には丁寧なのに店員さんに横柄など）
④（男性から女性に）車の話
⑤（女性から男性に）スイーツの話

①自慢話は誰も聞きたくないものです。自分を大きく見せようとしたり、知識をひけらかしたりするのは、好かれるコミュニケーションから一番遠いところにあります。相手に興味をもつことに集中すれば、自慢話をしている時間はないはずです。

②せっかく相手が自分に関心を向けて質問してくれているのに、秘密主義でいるなんてもったいない。次に会う機会を逃してしまうかもしれません。隠さずどんどん話しましょう。

無意識のうちに「何歳に見える？」「仕事は何をしていると思う？」ともったいない

ぶった言い方をしてしまうことがありますが、それもいけません。繰り返すと、そのうち誰も興味を示してくれなくなります。

③自分には丁寧に接してくれる人が、お店でサービスをしてくれる店員さんには、まったく違った横柄な態度をとるのを見てがっかりした経験はありませんか。女性なら、自分には優しい彼氏がドライブ中に、前の車の発進が少し遅いだけで荒っぽくクラクションを鳴らして、幻滅したことはないですか。

目の前の相手には丁寧に接しても、まわりの人にはつい気がゆるんでしまうことは意外と多いものです。そんなところを好きな相手に見られたら「本当はこういう人なんだ……」とがっかりされてしまいます。気をつけてくださいね。

④車の話と⑤スイーツの話は、冗談みたいですが、本当に禁句！

男女は脳のつくりが違うのです。全員とはいいませんが、無機質で緻密な車の性能について語り合えるのはやはり男性の脳。甘くおいしい感覚やそのときの感情を話して楽しいのは女性の脳。

相手を退屈させないように、話題にも気配りするのが正しいコミュニケーションです。

第4章

より深く・長く好かれるために

25

ファースト&エンドメッセージ

この章では、出会った人とより深く、長く付き合うためのコツをお伝えします。
まず、相手に良い印象を残す方法。

人間の記憶はけっこう曖昧なので、会話は最初と最後が肝心です。
「メラビアンの法則」として「第一印象は最初の1分間が大切」と言われていますが、最後だって大切です。

僕は、数いるホストの中で、お客さんに自分を選んでもらうために、どうやって印象に残すかをずっと考えていました。

行き着いたのは「最後に何を言うかが大切」という結論です。それからは、エンドメッセージをオリジナリティーあふれるものにするよう心がけました。

お客様をビルの出口までお見送りするときには、皆が「ありがとうございました」と言います。僕は皆が言い終えたのを見計らって……。

「二度とお店に来ないでください！」

せっかく来てくれたお客さんに「もう来ないでくれ」と大真面目に、かつ、茶目っ気たっぷりに言ってしまうのです。

たいがいのお客さんは「えっ?!」とびっくりした後、大笑い。「この子はおもしろいな」と、帰り道では僕のことがしっかりインプットされてしまいます。

意外性のある言葉を最後に言うテクニックで、僕はたくさんのライバルに負けずに自分を売り込んできました。

ここで、敬一流ユーモアを交えた最初と最後に自分を印象付ける鉄板フレーズを少し紹介します。

〈初対面で会ってすぐ〉

・「一生ついていきます！」

・「お金貸してください！」

・「僕がなりたい人ナンバーワンです！」

〈別れ際に〉

・（上半期に）「良いお年を！」

・「10分後に家で待ってまーす」

・「今日は人生が変わる言葉をくれて、ありがとう！」

〈知人に会って〉

・「また会ったね。日本一チャレンジする男！」

・（かなりの知人に）「えーと、名前なんだっけ？」

WORK 6

自分を印象付けるフレーズを考えよう！

人にはそれぞれの持ち味があります。自分のキャラクターに合ったフレーズを考えてみましょう。笑いをとる、あるいは、相手を心地良くする言葉を考えてください。ポイントは、インパクトと余韻です。

〈会った瞬間〉

⬇

・・・

〈別れ際に〉

⬇

・・・

26

人に好かれるSOS

次は、2回目以降に自分を印象付ける方法です。名付けて……。

SOS
S…そんなの
O…おぼえていてくれたんだ
S…さくせん！

これはじつは僕が大学時代、ナンパ業に励んでいる頃から使っている作戦です。成績の良いセールスマンや人気・実力のあるホストも、かならずと言っていいほど実践しています。

この作戦には準備が必要です。

知り合った人に関する情報を手帳やパソコンに整理するとき、いつもどんな情報を書き込んでいますか。名前、年齢、仕事や職種は基本ですが、これからは次のことを聞き出してメモするようにしてください。

・（相手が）なりたい自分
・（相手の）ビジョン
・（相手が）大切にしていること・モノ

これらを覚えれば、名前を忘れてもいいくらい！

相手に「興味をもっています」と伝えるには、パーソナルな情報をつかんでおくことが大切です。その人がめざしているもの、夢や信念、大切にしているものを聞き出し覚えておくのです。

家族やペットの名前、親からもらった形見など、何気ない会話から出てきた情報も使えます。センス良く身につけている小物なども、気がついたら必ずメモを！

その話題を次に会ったときにもちだすと、相手は感激してくれます。
たとえば、こんな会話をします。

自分「この前、ケガしてるって言っていた猫のマーちゃん大丈夫？」
相手「ペットの名前話したかな？ そんなの覚えていてくれたんだ！」
自分「この前つけていた時計、今日はしていないのですか？
あれ、センスが良くてステキですよね！」
相手「え、そんなこと覚えてくれているの？ あれ、なかなかイイでしょ！」

そんなの、おぼえていてくれたんだ、作戦。はい、ＳＯＳね。
人は自分にかかわることを話題にしてくれる人を好きになるのです。「自分が大切にしているものを覚えていてくれた！」と、あなたをきっと好きになります。

セールスの仕事をしている人は、商品知識や関連情報を頑張って伝えるのと同時に、これからは〝ＳＯＳ〟をプラスして、まず自分を売り込んでみませんか。

27

恥ずかしいエピソードの有効活用法

カッコ悪くて今思い出しても恥ずかしい。そんなエピソードがあなたにもあるのではないでしょうか。そういう話を仲良くなりたい人に話してしまいましょう。

好きな人にフラれた話、仕事で失敗した話など、相手に笑ってもらえるエピソードを思い出してください。あえて自分の器の小さいところを話してもいいし、恥ずかしい話が役に立つのです。

自分の弱みをさらけ出して笑ってもらう。秘密を共有することによって、仲間意識をもち合うことができます。

こんな話を聞いたことがあります。

恋人同士で大ゲンカして、彼氏はブチ切れ、部屋を飛び出して行きました。

「もうおまえとは二度と会わない！」

そこまで言って出て行ったのに、その彼氏、「やっぱり自分が悪かったな」と思い直して、5分後に戻ろうとしたものの、ドアを開ける言い訳が見つかりません。とりあえずドアを開けてしまって、つい出た言葉が……。

「寒くない？」


聞いた瞬間、場がシーンとなり、後からじわじわと笑えました。情けない話です。本人はかなり恥ずかしいでしょう。こんな話を聞いてしまったら、その相手を憎めなくなります。そして、大切な仲間に思えてきます。


他の人のカッコ悪い姿やダメなところを知ってしまうと、なんだか気になり、親しみがわいてくるものです。だからこそ、あまり人に知られたくないエピソードを話せば、相手との距離をぐっと縮めることができます。

ただし、このテクニックを使うのはやっぱり恥ずかしいので、少し気をつけて、相手を選んで使ってくださいね。

28

共通の敵をつくれば関係は深まる

〝共通の敵〟をつくりましょう。

とは言っても、敵の敵は味方、なんて話ではありません。

人との付き合いを深めたいときに役立つのは**〝共通体験〟**です。

中でも一番のおすすめは、酒の場での体験。

お酒が飲める・飲めないは関係ありません。飲めない人は飲まなくてもいいので、とことん朝まで付き合うのです。僕の場合は「朝まで」で終わらず、「次の日の夜まで」ということもありますが。

楽しく飲むと言うよりは、苦しみながら飲む(笑)。これです。

平日に朝まで飲んで語り合います。これだと、休みの前の日に飲むのとは、ずいぶん事情が違ってきます。

「もうお開きにしてもいいだろう。もうだめだ」と思いながらも相手に付き合い続ける。そして、寝ないで職場に向かうのです。

出勤すると、睡魔やだるさとの闘いが待っています。でも「一晩中一緒に飲んだ相手も同じつらさだろう」と思うと、少しニヤリとしてきます。

このつらさが〝共通の敵〟になるのです。

「あの人も今日一日つらいだろうな」とお互いに思いやると、おもしろいほど関係が深まります。

学生の頃、部活に励んでいた方は、当時のことを思い出してみてください。監督や先輩のしごき、キツい練習、負けて悔しかった試合など、強烈なつらさを一緒に経験した同志との思い出は、鮮明に心に残っているでしょう。

社会人になると、合宿などを行う機会もなかなかないので、あえて平日に好きな人と共に飲んで共に苦しむ！　そして、同志になるのです。

ただし、健康上問題のある方や小さな子供の世話をしている方などはこのテクニックに挑戦するのは絶対にやめて、別のやり方で共通の敵をつくってくださいね。

29

断り上手は誘われ上手

僕は人に誘われると、基本的には「できるだけ行く」スタンスでいます。なぜなら、常に新しい環境に身をゆだねることは、コミュニケーションのトレーニングになるからです。それに人と出逢うことは、純粋に楽しいし、嬉しい！

ただ、人の輪が広がってくると、お誘いを断らないとならないケースが多くなってきます。最近は、ありがたいことに誘われる機会が増えてきたため、ＮＯと言う回数がＹＥＳの何倍にもなってしまっています。

断る理由は先約があったり、なんとなく腰が重かったりなど様々ですが、理由がどうあれ、断るときはタイミングとしては間髪入れずに、即座にＮＯを伝えます。ＮＯと言えない日本人。そんな国民的習慣を吹き飛ばしましょう！

とは言っても、なかなかそれは言いにくいもの。できればＮＯと言わずして断れるようになるのがベストですね。

そこで僕はユーモアを使って返事をします。たとえば、こんなふうに。

・明日誘われているのに**「今年中には必ず行きます！」**
・代わりは誰もいないのに**「僕に似たヤツが行きます！」**
・相手がまだ誘っている途中なのに話を遮って**「断る！」**
・「この日はいかがですか？」と聞かれて、
「この一年間でその日だけが空いていないのです」
・かなり仲良くなった人には**「その日、おやじが死ぬ予定なのです」**

ユーモアで断ることは、やんわり間接的に断ることです。

断る理由を具体的に出してしまうと、「他の用事を優先したな。どちらが大切なんだ?!」という不快感や不信感に発展することもあります。

笑いを誘うのは、相手の気苦労を減らす気配りなのです。

しかし、大事なのは、ユーモアの後のフォロー。笑ってもらえたからといって安心せずに、社会人としての礼儀を果たすようにしてください。

ユーモアで笑ってもらった後はすぐに「せっかくお誘いいただいたのに、伺うことができなくて、申し訳ございませんでした」と真剣に伝えます。そして、誘ってくれたことへのお礼を伝え、声を掛けてもらって、いかに嬉しかったかの言葉も添えます。

ポイントは、行けなかったことへの謝罪よりも、**誘われたことへの感謝**を前面に打ち出すことです。これも相手に余計な気をつかわせないことにつながります。

お詫びの言葉に重きをおくと、せっかく誘ってくれた相手に「誘ったことに対する罪悪感」を植え付けてしまいます。嬉しかった気持ちを素直に伝えることで、相手は次も誘いやすくなるのです。

「誘ってごめんね」と言われるより、「今度また誘うね！」と言われる方が嬉しいですよね？

断り方を変えれば、誘われ方が変わります。

「あの人、忙しいかもしれないけれど、誘ったらすごく喜んでくれるから、また誘ってみよう！」と思われる人になりましょう。

30

絆を深めるには三角関係に持ち込む

三角関係。ドキッとしますよね？

しかし、ここで話すのは、恋愛の三角関係ではありません。人間関係を「1本の線」より「3本の線」でつくろうというコミュニケーションの話です。

つながりができた人に対して「大切だな」「好かれたいな」と感じたら、できるだけ早い段階で、その人の友達を紹介してもらいます。

相手と自分との絆以外に、もう1本の絆をつくることによって、より連絡をとりやすい状況にするのです。

これは「共通点を人でつくってしまおう」という技。

自分のことを知ってくれている人間を、1人より2人、2人より3人……と増やしていくと、「あの人を誘ってみようかな」と思ってもらえる確率が上がります。

そして、相手との関係が長く続くものになります。

たとえば、仲良くなった相手と3回目に会う約束をしたときに、こう言います。

「あなたのまわりには面白そうな人が集まっていそうですよね。今度、誰かに会わせてもらえませんか？」

最初、2人は1本の〝線〟で結ばれていました。そこにもう1人が加わると、3人をつなぐ線によって、三角形ができます。すると〝面〟ができ、関係性を表わす〝面積〟が生まれます。

最初の相手にさらに深くかかわって、今まで以上に仲良くなれます。途中で加わった人から、新しいエピソードを聞くこともできるでしょう。

自分のコミュニティーに、相手を引き込む方法もあります。

「おもしろい友達がいるので、今度連れて行ってもいいですか？」

そんな言葉で、好きな相手を自分のフィールドに招待してみるのです。

この3人にさらに1人を加えると、三角形が立体に変わります。すると、人間関係は〝面積〟から〝体積〟になります。

人と人がどんどんつながっていくと、驚くほど大きなコミュニティーに発展して、最初の線も三角関係もますます強固なものになっていきます。

相手との関係は「一対一の単純なものではない」と意識すると、行動も発言も変わっていきます。相手が大切にしている人を大切にすると、絆を深められます。

これは裏技ですが、三角形ができたら「かげほめ」のテクニックを使いましょう！

本人がいないところで「かげでほめる」、ほめまくるのです。そうすると、本人に「○○さんがこの前あなたのことをすごくほめていたよ」と話が伝わります。人は第三者から言われたことは素直に受けとめられます。「あの人は私のことをそんなに想っていてくれたんだ」と、うれしく感じるはずです。

もちろん本心から言ってくださいね。

人間関係の三角形をつくって「かげほめ」をする。そうすれば、その人に好かれます。もちろん相手を大切に想う気持ちがあってこそ、効き目が表われます。

①2人なら線の関係

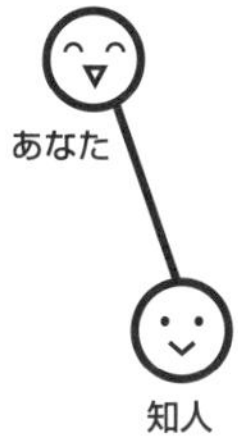

②3人なら三角形の関係

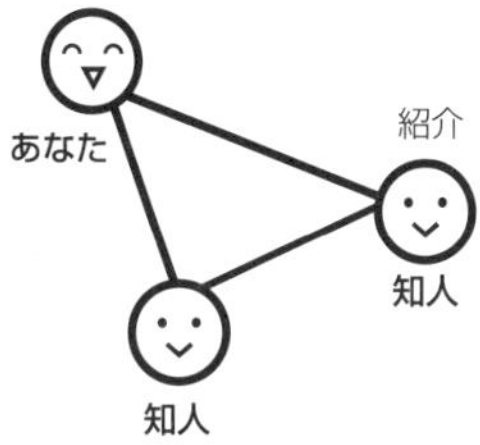

③４人以上は立体の関係

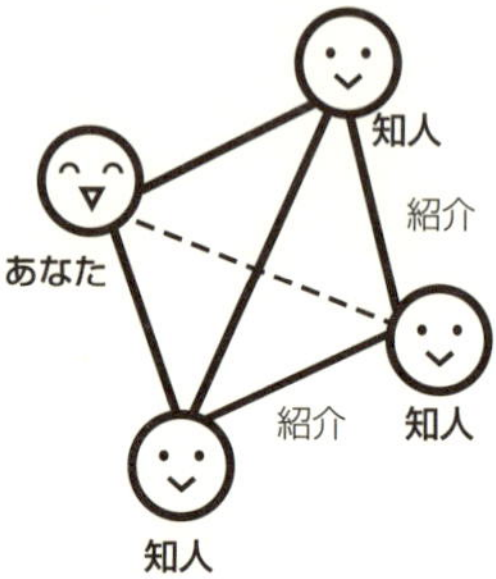

どんどんコミュニティーが大きくなる！
どんどん関係が深く強くなる！

31

落ち込んでいる人間を励ますな!!

親、兄弟、友人、恋人、同僚、先輩、後輩、親戚。たくさんの人とつながっているると、まわりに落ち込んでいる人はいるものです。そんなときは、早く立ち直ってもらいたくて、どんな言葉をかけようか考えてしまいますよね。

落ち込んでいる人へのコミュニケーションの方法はただひとつ。

何も言わないこと。

黙ってそばにいればいいのです。

落ち込んでいる本人は、事実や自分の感情にしっかり向き合う時間を確保しなくてはなりません。自分にきちんと向き合うことで、いずれ自分の力で自然に立ち直っていくのです。

それまでのプロセスに他者のアドバイスや励ましの言葉があると、本人の自然治癒にジャマになることもあります。相手が考えをまとめる間、ただそばにいて、共に過ごすことだけを大切にします。

それは無言のコミュニケーションです。相手が立ち直る、その行動を手伝うことになります。黙って寄り添ってくれるあなたの優しさを、相手はどんな言葉よりも深く受け止めて感謝してくれるでしょう。

逆効果な励ましの言葉。特に言ってはいけないのはこんな言葉です。

「元気出せよ」
「そんなこと気にするなよ」
「大丈夫だよ、そんなことくらいで落ち込むなよ」
「悩んでいないで、パァーっといこうぜ！」
「俺もそんなことあったよ」

そう。絶対に励ますな！

32

関係がこじれても謝るな!!

ときには親しい人との仲がこじれることもありますね。

修復するにはどうすれば良いのか。

まず相手に「謝らない」ことを覚えておいてください。もちろん、仲直りをしようという心は大切です。ただ、自分の気持ちだけを早く整理したくて謝ると、相手の気持ちを無視してしまいがちです。

では、謝らずにどうやって関係を修復するか。

一番良い方法は「こじれた仲をどうすれば良いか」相手に相談に乗ってもらうこと。どうして関係がこじれてしまったのか、原因をお互い確認し合うのです。

謝ることと相談することは違います。ただひたすら「本当に悪かった」という言葉を伝えるだけでは、相手の神経を逆なですることすらあります。

仲がこじれたときは、相手の尊厳を傷つけているのではないでしょうか。自分が相手との関係を修復したいことを伝え、尊厳をどう傷つけていたかを知り、これからどうしていくか、相談するのが一番です。

お詫びとは**「原因の確認」**です。「こういうことが原因だったんだね」とお互いに理解し合うことで初めて前に進んでいけます。

この考え方は、クレーム処理にかなり似ています。

たとえば、携帯電話が電波障害のため、数時間つながらなかったとします。

クレームへの対応は、次のうちどちらが良いでしょうか。

「システムエラーのため電波障害が発生し、ご迷惑をおかけいたしまして申し訳ございませんでした」と、理路整然と状況説明をする。

「電波障害のために、お客様の仕事に支障が出ましたことに、心よりお詫び申し上げます」と、相手の気持ちを考えて言葉を伝える。

クレーム処理で大切なのは、相手が怒っている原因を確認することです。前者のような対応では、何のお詫びにもならず、客をますます怒らせてしまいそうです。後者なら、客の怒りの原因がどこにあるかを聞き出すことができるかもしれません。「そうなんだよ。仕事でこんな不都合があったから困ったんだよ」と、潜んでいた事実をさらけだしてもらうきっかけにもなるのです。

怒りの原因を把握して、困らせたことに対してお詫びするのが、本当のお詫び。大切なことは、相手の気持ちを理解することです。

少し話がそれました。

人との関係を修復しようとするときは、まず自分へ質問をしてみましょう。

こんな気持ちを抱えてはいないでしょうか？

「なんでアイツは言っていることが理解できないんだ？」

「なんでアイツは直らないいんだ？」

「どうしたらわからせることができるんだ？」

「このモヤモヤした気持ちを解消するには？」

こんないらだちがあるうちは、相手のもとへ向かってはいけません。関係はさらにこじれてしまいます。

質問をこんなふうに変えてみてください。

「相手も悪気はなかったのでは？」

「自分にも何か原因があったのでは？」

「本当は向こうも仲直りをしたいのでは？」

「プライベートで私には言えない何かがあったのでは？」

すると、気持ちが落ち着きます。相手と冷静に話し合えるはずです。

ずっと相手のせいにしていても、こじれた関係はそのままの状態です。

自分中心の考え方を、相手を想って切り替えると、言葉にその想いが表われて、相手に伝わります。あなたの良さもわかってもらえることでしょう。

一度トラブルのあった人間同士が理解を深め合うと、前よりもより深く熱い関係になるものです。本当に好きな相手とは、心から向き合いましょう。

そのために、まず自分への質問を変えてみましょう。

コラム 4

人脈が絶対に途切れない超アナログ法

うまくコミュニケーションできるようになると、人脈が広がっていきます。お誘いが増えると、断る回数も多くなり、何かをあきらめるケースも出てきます。人脈のどこかを切る必要があるのではないかと、悩むこともあるでしょう。

せっかく出逢えた大切なご縁ですから、自分の都合で切るなんてこと必要はありません。

ただ、ご無沙汰している人、少し疎遠になっている人がいて気になっているなら、人脈マップを描いて、広がった人間関係を整理してみましょう。

人脈マップの作り方は簡単です。

自分を中心に人とのつながりを線で結んでいきます。「この人はあの人から紹介してもらった」と思い出して書いていくと、枝分かれした人脈の図ができあがります。

これを見ると、自分にとっての〝キーマン〟がわかります。

枝分かれの根元にいる人は、たくさんの人と自分をつなげてくれた人、今頻繁にやりとりしている人との縁を元々生み出してくれた人。その人こそ、今の自分を育ててくれた、本当の意味で自分の一番近くにいる人です。

人とのつながりが広がると、紹介してくれた人のことを忘れてしまうことがあります。しかし、今の自分があるのはそのキーマンのおかげ。そのことを人脈マップでは再確認できます。人への恩や感謝もこのマップが思い出させてくれます。

うっかり忘れかけていた大切な人へ、あらためて「ありがとう」の気持ちを伝えてみてください。疎遠になっていたら、一本の電話をかけてください。近くに行ったら、顔を見せに寄ってください。照れくさいなら、手紙を出してください。

根っこに水をあげるのをおろそかにしていたら、幹は伸びません。

つい忘れていた、大切な部分にもう一度水をあげることで、新しい枝葉も出てきます。すでにある葉もより青く茂るのです。少し絡まっていた人間関係も、キーマンを軸に考えてみると、何が大切なのかがわかり、気持ちも整理されると思います。

人とのつながりは、人がいてこそ。
人脈の根にはいつも水をあげましょう！

●人脈マップから見えるキーマン

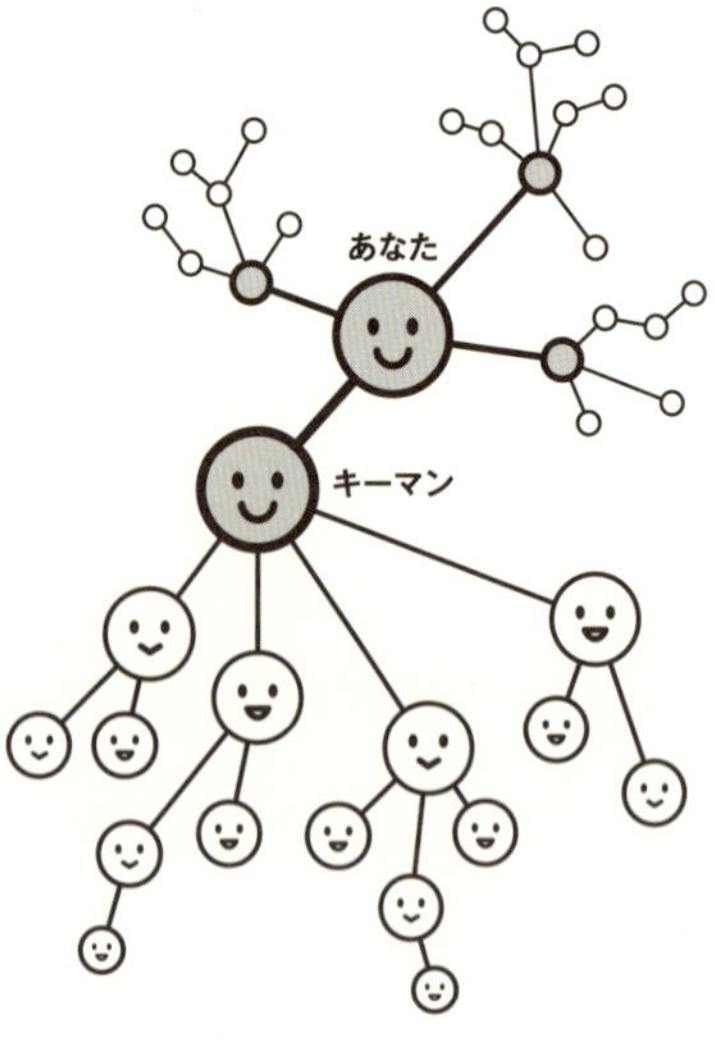

第5章

あの人に好かれるテクニック

33

相手の24時間に侵入せよ!!

人に好かれるコミュニケーション術をすでにたくさんお伝えしました。

この章では、ターゲットを絞って使ってほしい、とっておきのテクニックを教えてしまいます。

まずはこれ。

「相手の24時間に侵入する」テクニック。

誰かをほめて、相手がその言葉を24時間、気になってしまう状態にする。

これを「相手の24時間に侵入する」と言います。僕はホストのときにすごく意識して、会話をしていました。

お店での接客やパフォーマンスによって、お客さんに楽しんでいただくことはもちろん大切です。でも、その場限りの楽しさでは次につながりません。

お客さんが家に帰ってからも自分のことを思い出してくれるようにしたい。そのために自分の言葉がいかに相手の心に残るか、響いているか、と考えていました。

人にほめられて嬉しくない人はいません。相手の24時間に侵入するのに最も効果的な方法は、相手をほめることです。

ぜひ相手の心に残りそうな言葉を選んでほめてみてください。

ほめるポイントは、男性と女性とでは違ってきます。

それをお話する前に……。

相手の24時間を意識することは、その相手に気を配ることでもあります。

誰かに電話をかけるときには、その人のライフスタイルを把握しておいて、タイミングを見計らって連絡することは基本です。

人によって電話を受ける心づもりのある時間帯は違います。メールであっても、夜中に受信することを嫌がる人もいます。

相手にとっての〝常識〟を思いやるように心がけたいですね。

さりげなく「仕事はいつ休みなのか」「会社の昼休みの時間は」「息抜きする時間帯は何時頃か」などを聞いておくと、ベストタイミングで連絡することができます。

相手が忙しい時間にお礼の電話をしたりメールを送ったりして、イライラさせてしまうのは、じつにもったいないことです。せっかく再度連絡をとる機会を得たら、大切に使いましょう。

34

男を出世させる　魔法の「さしすせそ」

では、効果的なほめ方について。

まずは女性のみなさん、男性をほめて好かれましょう！　出世してもらいましょう！　簡単です。男は単純。小さい子供と一緒。

すべてをほめればいいのです。こんなふうに。

㋚すがー

㋛んじられなーい

㋜ごーい

㋝くしー

㋞うなんだ!!

この「さしすせそ」が効きます。

男性をほめる場合は、相手のそのままを認める。しかも抽象的に。具体的でなくていいのです。

ポイントは「セクシー」。これはなかなか人に言ってもらえないので、効果抜群です。

「その食べ方、セクシーですね」

「仕事の話をしているあなたって、とってもセクシー」

こんなことを言われたら、一生忘れません。言ってくれたあなたのことが頭から離れなくなってしまいます。

「俺ってセクシーなんだって。へへ」と、何度も思い出し笑いするでしょう。

はい、相手の24時間に侵入成功。

まったくセクシーという言葉は、男に自分を意識させてしまう魔法の言葉です。

「さしすせそ」すべてを使うと、会話はこんな感じになります。

男性「今日のプレゼン、ライバル会社が多かったけれど、うまくいったよ」
女性「さすがー」
男性「このプロジェクト、じつは2年前から考えていたんだ」
女性「すごーい」
男性「うまくいくと、会社の業績が2倍になるかもしれない」
女性「しんじられなーい」
男性「一緒に考えてくれた部下たちも期待してると思うんだ」
女性「そうなんだ!!」
—間髪いれずに決定的フレーズを！—
女性「話を遮ってごめんね。きちんと聞いてるんだけどね。
今、その熱心にしゃべってる姿が、すごくセクシーなんだけど……」
—男はテンション上がります！—

男のすべてをほめろ！

35

女性を虜にする　魔法の「さしすせそ」

次は男性が女性をほめる番です。

女性は、はっきり言って、難しいです。本当に気をつかってください。

ポイントは「より具体的に」ということ。抽象的にほめると、「私のこと、何もわかってないわね。フン！」となってしまいます。

ぜひ、この「さしすせそ」を使ってほめてください。

ⓢりげない気配りがいいね
ⓢっかりしてるね
ⓢてきだね
ⓢんすがいいね

そういうところ好き

どこが「しっかりしている」のか、「素敵」なのかは、具体的に言いましょう。

センスの話は注意が必要。〝ほめポイント〟は持ち物です。

ただし、単純に持ち物をほめるだけだと、僕の基準では80点。

その持ち物が、人からもらった物ということもあります。本当はあまり気に入っていないのに、たまたま今日の服に、他に合う物がなかったので使っているだけかもしれません。

あまり気に入っていない物を持ってきたことが心に引っかかって、なんとなく機嫌が悪い日だってあるのです。うっかり、その気に入らない持ち物をほめると、怒らせてしまうこともあります。

では、どうするのか？

それを持っている「あなたのセンスがいい」とほめる。

物ではなく本人をほめるのです。


僕の失敗談をひとつ。


「浜崎あゆみさんに似てますね」

そうお客さんに言った瞬間、ブチ切れられたことがあります。

僕はものすごくほめたつもりでいたのに……、なんで???

本人は嫌だったようです。自分では違う人に似ていると思っていたのか? 浜崎あゆみさんをライバル視していたのか? 僕がお世辞を言ったように感じたのか?

真相は藪の中。外見をほめるのは危険です。


外見やスタイルをほめると、相手によっては不快感をあらわにします。

本人がじつはコンプレックスをもっている、という場合もあって、かなりリスクが高いです。

タレントさんの名前を挙げると、もっと危険。ご注意ください。

女性のほめ方をまとめましょう。

外から入って、中身である本人をほめろ！

36

どうしても好きになっちゃう「したのりす」

魔法の「さしすせそ」を使うのとは別に、しっかり段階を経て、信頼を得ながら好かれていくテクニックもあります。これは男女を問わず使えるものです。

相手とのコミュニケーションがスムーズになっていき、自分が好かれるまでには、5つのステップが必要です。今度、新しい出会いがあったら、次の5段階を意識しながら会話してみてください。

①し：承認

②た：楽しい

③の：能力

④り：リスペクト

⑤す：好き

①「し：承認」は、まずあなたが相手の人間性、仕事ぶり、服装や持ち物など、良いところを見つけてほめます。それによって、相手は自分を認めてくれたあなたのことを承認します。そして、あなたの話に聞く耳を持ってくれるようになります。

②「た：楽しい」は、楽しさを相手に与えること。場を和ませ、安心感をもってもらうことです。ユーモア、笑顔、優しさ、気遣いを大切にしながら相手に接すると、ふたりの関係は深まります。

③「の：能力」は、楽しさとのギャップを見せることがポイントです。②の段階で肩の力を抜いてもらい、その後で「仕事ができる人」「人に負けない強みがある人」と思ってもらうと、強パンチ×弱パンチの効果が出て、信頼度がグッと上がります。

次が重要！④「り：リスペクト、尊敬」の段階。

仕事ができるだけでは人間として深みがなく、一時的な好意にとどまってしまいます。趣味、スポーツ、特技などのパーソナルな部分が見えてこそ、確かな信用につながります。

社会や人への貢献などもアピールしたいですね。他者に利をもたらす「利他の精神」に基づいた行動は、周りの人に尊敬の気持ちを起こさせます。

価値観や考え方を伝え合うのは「魂の交換」です。これが済んで、お互いに相手を信用・信頼・リスペクトして初めて、⑤「す：好き」になります。

順番は大切。必ず「したのりす」の順で進めます。

「し」から「の」に飛んだり、「の」で止まらせたりしてはいけません。順番を間違えて、先にユーモアだけを押し出すと、軽い人間に見られてしまう恐れがあります。また、相手の承認を待たず、相手が話を聞く耳をもっていないのに、自分の能力や価値観を語っても意味がありません。気をつけてください。

ちなみに僕はホストの仕事をしているとき常に、会話をして30分で「したのりす」の5段階をいかに駆け上がるかを考えていました。

でも、焦る必要はありません。会うたびに段階をひとつずつ上げていくスローペースでもいいのです。上がった先には「好かれること」が待っています。

37 異業種交流会でチェック!!

せっかく覚えた「したのりす」を、ぜひ実践してみてください。

おすすめの場は異業種交流会です。


人脈づくりのために異業種交流会に参加したいけれど、なかなか気持ちが前向きにならなくて……という人は多いのではないでしょうか。

ここは「したのりす」のトレーニングの場と考えて、参加してみてください。

いえ、「したのりす」に限らず、これまで覚えたコミュニケーションのテクニックをいろいろ試してみてください。


はじめましての人ばかりの中で「自分はどれだけの人に好かれることができるのか」などと怖がらずに、まず行動を。

やってみて、好かれることの心地良さを実感してください。

会話では、自分の職業や勤め先の話をあまりせず、人間的な魅力だけで勝負することをおすすめします。

自分の中身を売り込む準備をしておくと、どんな人に会っても落ち着いて立ち向かうことができるようになります。第1章で書いた心技体の「心」をもう一度思い出してのぞんでください。

さあ、なんだか次の異業種交流会が楽しみになってきたでしょう？

会に参加した後は、次の項目をチェック。

自分ができること・できたことを確認してみてください。

□話す相手との共通点を見つけられた。
□相手と自分が話す時間の割合は、相手が半分以上だった。
□自分から質問をした。
□あだ名をつけて呼んでみた。
□自分はあだ名をつけてもらえた。

□相手と同じ口調・リズムで話せた。
□終始、笑顔で話せた。
□相手に笑ってもらえた。
□自分流のすべらない話ができた。
□「すなお」が言えた。（「すなお」を忘れた人は第1章へ）
□エンドメッセージに工夫ができた。（相手の24時間に侵入せよ！）
□次に会う約束ができた。（特にキーマンと会う約束）
□「したのりす」の段階を踏んで、相手に好かれた。

項目すべてをクリアしていなくても大丈夫です。できることをひとつずつ増やしていきましょう。

一生懸命話そうとするあなたのまわりに、人は必ず集まってきます。相手に敬意と興味をもって明るく話しかけることが第一歩。何も不安がることはありません。

自分を大きく見せる必要なんて全然ありません。他の人たちのコミュニケーション能力だって、そうたいしたことはないと思えば、気楽に話せるはずです。

38

目上の人に好かれる3条件

目上の人に好かれるにはコツがあります。
次の条件を満たせばあなたは好かれるはずです。

〈目上の人に好かれる3条件〉

①礼儀・礼節
②向上心
③だめであること

それぞれについて解説します。

①礼儀・礼節

礼儀正しい「挨拶」をするだけでは足りません。

僕の言うところの礼儀・礼節とは、**「質問を準備しておく」**こと。

人生の先輩にお会いして、相手から話題をふってもらっているようではいけないのです。年上の相手が気をつかってくれるご時世ですが、先輩に無駄な時間を過ごさせてはいけません。そのための配慮ができるかどうか。

人と会うときは**「その人の大事な時間をいただいている」**と心得ることが大切です。形ある何かをもらわなくても、その人と一緒にいるだけで、貴重な時間を体験させていただいているのです。

相手に興味をもち、教えていただけるものを学ぶ。そして、さらに質問して学ぶ。

質問すれば、先方もアウトプットしながらインプットをすることができます。後輩の問いに答えると、自分自身も新しい学びや気づきを得られるのです。

質問する方・される方、どちらも有意義な時間を過ごすと、お互いを尊重し合えるようになります。よく言われる「ＷＩＮ－ＷＩＮ」の本質はこれだと僕は考えます。

②向上心

人からアドバイスをもらっても、何ひとつ行動が変わらない人は、好かれることから遠ざかってしまいます。

「でも」「だって」「どうせ」といったマイナスの心持ちで話を聞いていては、一歩も前に進めません。実際、人に何かを教えてもらっておきながら、その後も自分の元々の行動パターンを繰り返している人が多いように思います。

相談をもちかけて、相談になっていない。そんな経験、あなたはありませんか？

相手にアイデアを出してもらい、時間もいただくのです。適当に質問したり、聞き流したりすることはとても失礼。

いただいた助言に対して自分の考えは一切はさみ込まず、「そうなんだ！」と素直な気持ちで実践してみること。それが向上心です。

人生の先輩方がやってきたことを、「ああだこうだ」と反論せずにやってみる。やった者にしかわからないのだから、とりあえずやってみる。そういう気持ちで助言を受けとめましょう。

質問するなら、実践すること！

③だめであること

これ、忘れている人が多いです。

どこまでも上の人を立てることは、人付き合いの基本です。

自分がその人以上になったなどと思い上がってはいけないし、実際、なれません。相手と比べて、心の部分から知識や経験まで、自分が勝っていることなど何もないと、謙虚に構えることが大切です。

自分ができていないところはどんどん話していくべきです。自分を良く見せようとしたり、過剰に知識をひけらかしたりしても、何にもなりません。

だめであり続けることで、先輩から気合を入れてもらえます。

隙があることで人の気が入る、つまり人気者になれるのです。

まだまだ自分が未熟であることを、言葉で伝えることが大切。そうすれば、たくさんのアドバイスや気合を入れてもらえます。


後日また先輩に会えたとき、あるいは電話やメールで連絡するときには、こんなふうに伝えましょう。

「この前、相談に乗っていただいたあの件、うまくいきました！」

「○○さんにお話をうかがったおかげで、会社の人間関係が良くなりました！」

アドバイスが自分にとってプラスになったことを、きちんと報告するのです。


自分をさらけ出して、相手からいただいたプランを実際にやってみる。そして、それによって良い結果が生まれたことを必ず報告する。

嬉しそうなあなたからの報告を受けて、相手はきっとこう思います。

「俺が（私が）いないとだめだな」

そう思ってもらうことは、結果として人を立てることになります。だめであることは、相手を勝たせること。そうすることで、あなたはますます好かれていきます。

憧れの先輩、あるいは、尊敬する人に運良く会えたときにしどろもどろでは、次に会う機会を失ってしまいます。まず落ち着いて、3条件を思い出してください。なお、この条件は、「①礼儀・礼節 ②向上心 ③だめであること」のすべてが揃っていることが大切です。

だめなだけでは、もちろん好きになってもらえません。

「私がいないと、いつまでたってもだめだな」と思ってもらって一本！

39

人の親に好かれる方法

これからする話は、経営者やグループのリーダーなど、スタッフを率いる方に聞いてほしい話です。

僕はスタッフの親御さんのところへご挨拶に伺うことがよくあります。

ご両親が息子の仕事に反対しているような場合は、全国どこへでも行きます。海外へも。ラオス出身のスタッフとともに、現地へ出向いたこともありました。

お店では、業界では初めてと言っても過言ではない「親子参観」イベントを開催したことも。保護者の方を招待して、実際に職場を見てもらい、お話する機会をつくる。これが不安を取り除く一番の近道だと思っているからです。

僕はスタッフの長所・短所ともはっきり親御さんに伝えるように心がけていま

す。

欠点を見極めていて、そこを補強するように育成、フォローしていることをわかってもらおうとするのです。

「そうなんです、うちの子、ここがだめなんです。だからしっかり叱ってください」などと言われることは少なくありません。

欠点を知っていることは信頼につながります。


ただ、それでも会話にテクニックは必要です。

長所・短所の話題はサンドイッチにします。

だめなところばかり指摘し続けると、やはり親としてはだんだん腹が立ってくるもの。スタッフの良いところや頑張っているところをほめるのは忘れません。僕が彼からどんな学びや気づきを与えてもらったかも率直に話します。

その後に「ここを直すとさらに良くなる」といった表現で短所を指摘し、最後にまた、彼がいかに素晴らしいかなどを伝えます。

スタッフであるご子息に、敬意をもって接し、家族のように思っていることも伝えるようにしています。

大切なお子さんをおあずかりして、親の目線で接している。

そのことを本当の親御さんにわかってもらうことは、安心を与えることであって、何よりのプレゼントになります。


ただし、おじいさん、おばあさんには長所だけを伝えてください。

孫は可愛いだけで十分なのです。

お孫さんの長所をありったけ伝えることで、大いに喜んでもらえます。

いかにお孫さんから学ばせてもらっているか、どういうところを大切に思っているかを伝えると、安心をプレゼントできて、あなたもお孫さん同様に好かれるはずです。

必勝!! ナンパ術

男性の皆さま、お待たせしました。敬一流「必勝!! ナンパ術」です。

ナンパの王道は、じつはセールスの手順と同じです。

①安心→②ニーズを起こす→③説得

相手が違和感なく話に入り込めるように気を配ります。

道行く女性に数秒で、自分に興味を持ってもらうには次の点に注意します。

・声掛けは真正面から堂々と！（横や後ろから声を掛けると怪しい）
・丁寧に話す。
・ちょっと手前からはっきり自分の顔を見せる。（素性を明かす）
・半径5メートル以内で立ち止まってくれなければ脈なし！ あきらめよ。

・ムリだと思ったら「ありがとうございました」とお礼を言って立ち去る。
・正直に目的を話して相手に安心感を。
・相手が思っていることを先にこちらが言ってしまう。
・逃げ道をつくってあげる。
・言い訳をつくってあげる。

女性と同じ歩幅、同じスピードで寄り添い歩きながら、自分を売り込みます。

①【安心】
「こんにちは。お忙しいところ、足を止めさせてすみません」（丁寧に）
「井上敬一と言います。ナンパです！」（素性を明かす＋正直さで安心を）
「絶対に友達以上、恋人未満になりたいです！（笑）」（ユーモアでさらに安心を）
「ナンパなんてうっとうしいでしょうが、1分だけ話を聞いてください」（相手の気持ちを先に言う）

②【ニーズを起こす】

「最高に笑える日にしますので、時間、つくってくれませんか？　今とは言いませんから」（逃げ道をつくってあげる）

「めちゃめちゃおすすめのヘルシーなイタリアン隠れ家レストランを紹介させてください」（正直に目的を話して相手に安心感を）

「ひとりだと不安だと思いますから、友達何人でも連れて来てください。男性でもいいですよ。僕も友達連れて行きますから」（逃げ道をつくってあげる）

③【説得】

名刺を渡して「とりあえず僕はこういう者ですので、連絡先だけでも交換してもらっていいですか？　イタズラはもちろんしませんから」（丁寧に話す）

「今度時間つくっていただけるか、明日でもお返事いただけたらと思います。YESなら電話の向こうで飛び跳ねますし、NOだったら、迷惑かけるとダメだから、僕からは連絡しないので、どちらにしろ明日1回だけ返信ください」（逃げ道をつくってあげる）

「あ、もし友達を誘うのであれば、ナンパされたのではなくて、ものすごく変わった人がいるから大丈夫かどうか見極めてよと言ってください」（言い訳をつくってあげる）

まあ、ホントはもっと細かい点がありますが、こういった感じです。

たかがナンパと侮るなかれ！

ナンパはセールスの3段階と同じ手順が必要。

「安心↓ニーズを起こす↓説得」のステップをしっかり踏まないと成功しないのである！と、ついつい力が入ってしまいました。

セールスだと、商品を買ってもらうために、どうやって安心してもらうか、商品へのニーズやウォンツをどうやって呼び起こすか、どうやって契約にこぎつけるかを考えて話をします。

そういったセールスの極意が、じつは〝ナンパ道〟にも通じるのです。

逆に考えると、ナンパ術を磨くことは、セールスにも役立ちます。

注意点の中でも特に大切なことは、女の子に言い訳や逃げ道をつくってあげることだと僕は思っています。

女の子はYESと思っていても、口ではYESと言えないものです。できる男はうまく言い訳や逃げ道を用意してあげて、「仕方ないわね」と言わせてしまいます。

僕が何十年も研究を重ねて見出した「女の子の一番の言い訳」。

それは……酒です！

「酔っぱらっちゃったから……」

僕の研究の成果は、まだ浅いですね。はい、スミマセン(泣)。

第6章

無言のコミュニケーション

40

ファンを増やす名刺

コミュニケーションのテクニックは、会話術だけではありません。いろいろな手を使って、人にどんどん好かれてしまいましょう。

まず使いたいのは、これまで何度も話に出ている「ユーモア」です。

もちろん、一発芸やものまねなんかをしなくても大丈夫。

名刺に、ユーモアを感じさせる仕掛けをするのです。

最近は個性豊かな名刺が増えてきました。写真入りのもの、表裏ともカラフルなものなど多彩ですが、僕の名刺の裏にはこんな言葉を入れてあります。

女好き!!

この一言は、ユーモアを発揮するだけでなく、話題を提供する役割も果たしています。名刺交換をすると、裏を見た相手とはこんな会話が始まります。

〈男性の場合〉

相手　「やはりご職業柄ですか？　女好きなのは」

僕　「そうなんです！　天職です！」

相手　「じつは僕もそうなんです。」

僕　「今から仲間ですね！」

〈女性の場合〉

相手　「男性はみんなそうですよねー」

僕　「そうなんです。僕に近づかないようにしてくださいね！（笑）」

相手が男性の場合は、自分たちの共通点を見出して〝女好きコミュニティー〟が誕生します。

話題の提供、プラス、共通点の発見。

名刺1枚で相手の笑顔を引き出せて、会話は一気に広げられるのです。


その場で名刺の裏を見てもらえなくても、それはそれで成功です。

何日か経てば、会社で名刺を整理したときに、裏に書いてある「女好き‼」に気付いてくれるでしょう。クスッと笑って、僕のことを思い出してもらえます。

実際、笑いながら「名刺の裏、見ました！　今気づきました！」と連絡をくれる人もいます。


名刺が面白ければ面白いほど、自分のいないところで、誰かが他の人に売り込んでくれます。紹介しやすい要素があれば、ブログにも書いてもらえます。

僕の場合は他の人たちに「名刺交換したら、すぐ裏を見て！」と、先にネタをバラされているときもあります。が、これはありがたいこと。名刺が一人歩きして、誰かに僕を紹介してもらえていることに感謝しています。

名刺は単に自分の仕事を知らせるものではなく、自分自身を売り込むツールでもあるととらえて、大いに活用してください。

もちろん「女好き!!」は僕のキャラクターと仕事の経歴を生かした言葉ですから、独自のものを作ってくださいね。

僕・井上敬一の名刺

〈表〉

女好き!!

〈裏〉

〈名刺の裏に入れるフレーズの例〉

・保険業……………ダンナさんには倍額保険を!

・アパレル業…………末っ子なので20歳までずっとお下がりでした!

・飲食業……………2回目までのご来店なら太りません!

・製造業……………ものづくりは人づくり。

・運送業……………トラックは日本の血液です。
・乳業………………私はこれで乳離れできました。
・自動車業…………正直者だけが見える車、売っています。
・教習所教官（男性）…女性に関しては無免許です。
・美容師……………お客様の髪切りとスタッフの首切りが得意です。
・どんな職業でも……前職は○○でした。（※○○には前の職業を書いて意外性を）
・どんな職業でも……先月、月収下がりました。

考えられるフレーズは無限にあります。できれば笑える方がいいですね。

大切なのは、自分の仕事とキャラクターを生かした言葉を入れ、その言葉から会話が広がるようにすることです。

楽しく個性的な名刺を作ることによって、相手には確実に覚えてもらえます。そして、名刺が一人歩きして、あなたのファンが増えること、間違いなし!!です。

WORK 7

名刺の裏に言葉を入れよう！

さあ、あなたは名刺の裏に何と書きますか？
ユーモアを感じさせ、話題の提供にもなる言葉を、
今すぐ考えてみてください。

〈表〉

〈裏〉

41

ルックスは人のために!!

無言のコミュニケーションの中で、すぐできるものと言えば……。服装を整えること。

スーツにシワがないと、人に信頼されると知っていますか。シワをつくらないように気を配る人は、あらゆることに心を配る人だと思われ、信頼されます。

座るときは、背中や膝にシワがつかないように気をつけましょう。

他に、靴を磨くこと、ポケットに物を入れて服のラインを崩さないこと、ハンカチを持つこと。当たり前のことを当たり前にできるように習慣付けましょう。

ちょっとしたことで人にだらしない印象を与えないように、隅々まで神経を行きとどかせるようにしたいものです。

ルックスは人のためです。

その場に合った、相手に失礼のない服装選びは大人のマナーで、思いやりです。

僕は「今日はどんな人に会うか」を考えて、コーディネートを決めます。

スタッフと話をするのなら、トレンドを取り入れた若い感覚のものを着ます。スーツであれば、ネクタイは幅の狭いナロータイ。

僕よりかなり若いスタッフたちは、自分と違うことに拒否反応を示すことがあります。そこで、彼らの好みのブランドに近いタイプの服装で会う。すると、スタッフは心を柔軟にして、こちらの話を聞いてくれるようになるのです。

尊敬している目上の経営者にお会いする予定があれば、バッグや時計などは嫌味にならないブランドのものを選ぶようにしています。

生意気と思われてしまうと、可愛がられることから遠くなり、せっかくの貴重なアドバイスをいただけないからです。

その日、誰と会うかによって服装や持ち物を決めることは、とても大切です。

基本的に人は自分と同じようなルックスをしている人に好感をもちます。

ですから、女性に会うときは、キラキラ光るものをひとつアクセントに使ってみてください。

必ず「可愛い！」と言われます。


インパクトを考えて、僕はポケットチーフに真っ赤なTバックを使用することがあります。話題の提供を意識して、女性の下着を胸に飾っています（笑）。

名刺の裏の言葉と同様、このチーフは、今や噂のアイテム。知ってしまった人は誰かに言わずにいられないようです。

こんな仕掛けによって、自分がいないところでも話題になれます。誰かが代わりに営業マンのように売り込んでくれているなんて、本当にありがたいことです。

不思議なことに、自分ではなく第三者が売り込んだ方が信頼度が高いですし！

でも、自分の最高のプロデューサーは自分。

会話はある程度、筋トレが必要ですが、ルックスはすぐに変えられます。

さあ、今すぐ変身しましょう！

自分から人に声を掛けることが苦手な人は特にルックスを大切に。人目を引けば、声を掛けられる人になれます。

まずはスーツの色や小物の色を変えてみましょう。少し変わったデザインの服を着るのも目を引きます。

ただし、派手ならいいということではありません。自分のキャラクターを知った上で、人が気にかかりそうなものを身につけるということです。

ちなみに僕の場合はサムライスーツ。裏地が和柄で、チラ見せ効果で視線を引きます。このスーツは自社で取り扱っているので、営業も兼ねて着用しています。

余談ですが、これと言って特徴のない人を見つけたら、相手をほめる訓練ができます。なんとなくバリアを感じさせる、声の掛けにくい人も同様。

持ち物に注目して、物ではなく、「センスがいいですね」とその人自身をほめると、相手の心をほぐすことができます。

人に声を掛けるときの心構えも書いておきますね。これできっと楽になります。

・この人、嫌だな、と思わない。
・好きということにする。
・相手もしゃべりたがっていると思い込む。
・相手も緊張していると決めつける。

42

インパクトのあるプレゼントとは？

好きな人を喜ばせたいときは、やはりプレゼントの出番。

では、インパクトのあるプレゼントは、どんなものだと思いますか？

いかに相手の24時間に侵入するかを考えると、プレゼント選びがますます楽しくなってきます。

たとえば、手作りのものをプレゼントすると、「どれだけ自分のために時間をかけたのだろう?!」と感動してもらえますよね。

少し珍しいものなら、「どんなお店で手に入れたのだろう？」「誰かに見せたいな」などと考えてもらえます。

僕が人に贈り物をするときは、次の3つのポイントを大事にしています。

①自分のことを思い出してもらえるようにする。
②相手が大切にしているものを大切にする。
③誰かに見せたくなる、自慢したくなる。

①の例はジグソーパズル。

相手の24時間に侵入したい、相手の心を独占したい。そう考えて、一緒に撮った写真をジグソーパズルにして贈ります。

一度に全部を渡してしまわず、何回かに分けて贈るのがモアベターです。パズル完成までの間、ずっと自分を想ってもらえるのですから。

また、「考え事をするなら、お風呂の時間。これで僕のことを思い出してもらえるはず！」と、バスソルトやバスタブに入れるローズなどを選ぶこともあります。

②なら、最近プレゼントとして人気があるデジタルフォトフレーム。

これには、優しさのエッセンスを効かせてみましょう。

相手の大切な人の写真を1枚、あらかじめ入れておくのです。家族、恋人、あるいはペットなどの写真を。すると、物よりも心遣いに感動してもらえます。

③で、僕のオススメは〝デコシャン〟。キラキラのスワロフスキーがちりばめられ、デコレーションされたシャンパンです。

これは業者さんに頼めばオリジナルのデザインにできるので、相手の写真、座右の銘、好きなものなどを盛り込んでデコレーションしてもらいましょう。

もらった人は絶対自慢したくなります！

お酒は1人より2人、できればたくさんの仲間と飲みたいもの。お酒を贈ると、相手とそのコミュニティーにインパクトを与えることができます。

プレゼントは、贈るタイミングも重要ですね。

誕生日はもちろんはずせませんが、その日はたくさんの人がプレゼントをします。自分の存在が埋没しないように、あえて何もないときに贈ってみると効果的です。

思いがけないプレゼントは感動を呼び起こします。

43

会話が勝手に盛り上がる場所がある

コミュニケーションには、場所選びも大切です。

ナンバーワン・ホストとして走り続けた僕から〝王道〟をお伝えしましょう。

会話をスムーズにする場所。それは……。

夜景のきれいな高い場所！

何のひねりもありませんが、これにつきます。見晴らしの良い場所は人をおおらかにする効果があるので、気持ちを後押しして、会話も盛り上げてくれます。

男女問わず、想いを伝えるにも、言いにくいことを言うにも、絶好のポイントです。

これで話が終わると、がっかりさせてしまいますね。

他の場所もお教えします。

こうしましょう。
つっこみどころが多い場所に行く‼

もっとわかりやすく言えば、一緒に笑える場所に行くのです。
笑うことでリラックスして、今まで話したことがないような個人的なことも話せるはずです。素直な気持ちで会話ができるので、相手の本当の価値観も見えてきて、人間関係がより深く楽しいものになるでしょう。

僕のおすすめスポットはここです！

- **ショーパブ**
- **浅草の花やしき**
- **あまりにも近代化された城**
- **美味しい店よりまずい店**
- **名物マスターのいる店**

・頑固オヤジのいる老舗
・寿司が握れない寿司屋（大阪に本当にあります）
・あなたの地元の秘○館（はっきり言えば「秘宝館」。ありませんか？）
・洞窟

自分のまわりにある面白スポットへ、好きな人を連れていきましょう。インターネットで調べれば、笑えそうな場所はすぐに見つかるはずです。

日常とかけ離れた場所で「なんじゃこりゃ?!」と突っ込みながら、楽しい時間を過ごす。これで最高に会話が弾みます。

さあ、ふたりで笑える場所に行きましょう！

44

男女別　次のアポをとる秘訣

会話の一種とも言えますが、電話やメールについて、ここに書きます。

本来お礼は、メールより電話、電話より直接会っての方が良いと思います。電話やメールでお礼を伝えるなら、それは次の日にするものです。

お礼とは。

出逢ったことに感謝して、時間を共有させてもらえた喜びを伝え、「今後ともどうぞよろしく」とお願いすることです。

その連絡が不躾であったり、間の悪いタイミングであったりすると、気持ちが伝わりにくくなってしまいます。先に書いたように、電話をするときは、相手の都合を考えましょう。その気配りがあなたの印象をより良くします。

相手の都合を知るには、会ったときに聞いておけば良いのです。興味をもっていろいろ質問をする、その流れで生活のパターンをさぐっておきましょう。

「明日は何をされていますか？」

「お昼休みは何時くらいですか？」

さて、翌日。お礼を述べるのと同時に、次に会う約束ができると最高ですね。

約束をするときは「会う目的を明確にしておく」こと。

相手の時間を頂戴するのですから、なんとなく会うだけでは失礼です。それに、目的がないと日程が決めづらく、つい先延ばしになってしまいます。

たとえば、こんな目的を用意して誘ってみましょう。

〈A〉男性を誘うとき

- **「○○さんの夢、聞かせてください」**
- **「○○さんのビジネス談、聞かせてください！」**

・「今度、魂の交換をさせてください！」

〈B〉女性を誘うとき

・「友人の恋愛相談へのアドバイスを手伝ってくれませんか？」

・「美肌になるランチ、食べに行きませんか？」

・「評判のミュージカル、みんなで観に行きませんか？」

〈A〉と〈B〉の違いがわかるでしょうか。

〈A〉は、次回会う目的は「貴方と話がしたいから」になっています。男性には、こういうはっきりした誘い方が好まれます。

〈B〉は、そんな直球ではありません。男性から女性を誘う際、本人に会いたいことを伝えると警戒されることがあります。合う目的は「貴方だけではありませんよ」と、目線をそらせて誘う方がスマートです。

人との縁をつなぎ続けるには、スケジューリングも重要。相手が男性でも女性でも、次に会うまでのブランクはできるだけ短くしてください。

半年後の1時間より、3日後の10分の方が効果的です。最初の3回はできるだけ1カ月のうちに会いましょう。

そうすると、自分の印象が相手に強く残り、仲を深めやすくなります。

45

今さら聞けない手紙の書き方

電話の後は手紙について。

会ったその場でコミュニケーションがうまくいかなくても、安心してください。

後日、手紙を出せば良いのです。出逢ったことへの感謝と仲良くなりたい気持ちを素直に書いて、自分からYESのカードを切りましょう。

気に入られること、好かれることを受け身で待っているよりも、「いかにあなたと仲良くなりたいか」を自分から伝えてしまうと楽になります。

なかなか会話のテクニックが上達しないときは、まず想いを大きくします。

「あなたが好きです」

これに勝るテクニックはありません。

手紙では、出逢ったときの印象について伝えましょう。

最初の言葉が浮かばなくて困ったら、好きなところ、認めているところを10個見つけて、それを伝えるだけでもOKです。

「こんな印象を受けました！」を10個。

相手がほめてもらいたいところはどこなのかを考えて、そこに触れると、心に響く手紙になります。


メールの時代こそ、威力を発揮するのは手紙です。

相手の良いところを書き綴ってみてください。返事が来て、強いつながりが生まれるかもしれません。期待しながら、書いてみましょう。


もう一度言います。

まず「あなたが好きです」の想いを大きくすること。

文章力より、きれいな字より、これが相手を動かします。

WORK 8

気になるあの人に手紙を書こう！

気になる人の良いところを10個書き出しましょう。
その後は、実際に手紙を書いて送りましょう。

①

②

③

④

WORK 8

⑩ ⑨ ⑧ ⑦ ⑥ ⑤

46

「おひさしぶり」に役立つアプリ

しばらく会っていなかった人と会うときに、緊張することってありますよね。学生時代の仲間だと、会ってしまえば昔のままで話せます。しかし、社会人になってから知り合った人とひさしぶりに会うことになったら、会話を弾ませるツールを持って行った方が安心です。

ツールとしておすすめしたいのが占いです。

占いは、いつの時代も誰もが興味を引かれるもの。どちらかと言うと女性に人気がありますが、じつは多くの男性も気になっているのです。なぜなら、自分に興味のない人はいないからです。

プロの占い師さんは、よほどアクが強くない限り、たくさんの人に好かれています。

さあ、ツールを用意して占い師になってしまいましょう！

そうは言っても、手相を学んだり、水晶を持ち歩いたりする必要はありません。動物占いや生年月日占いなど、簡単に手に入るアプリを携帯に入れておくだけで十分です。


ひさしぶりに会う相手との相性を予め占っておく。もしくは、会ったその場で占います。ふたりの相性が良ければ、お互いの気分もずいぶん違ってきます。

「ふーん、俺たちって相性いいんだ」

そう思ってもらうことは、単純ですが、効果バツグン！

多くの人は先入観にとらわれがちで、先に「相性が良い」と言われると安心できるのです。占いを利用して、人間関係を良い方向に進めてしまいましょう。

万が一、ふたりの相性が最悪だったら……。

「この占い、全然当たらないね！」と、すぐさま言いましょう(笑)。

コラム 6

時計を見るな!!

人を大切にする人たち、言い換えると、僕が絆を深めたいと思う人たちには、共通点があります。

時計を見ない、ということです。

特にお酒の席では、ついつい明日のことを考えて、自分でも気づかないうちに腕時計やお店の時計を見てしまうものです。最近では携帯電話などで、さりげなく時間を確認する人もいますね。

僕の経験上、「本物だ」「一流だ」と感じさせてくれる人は、全くと言っていいほど、時計を見ません。

「自分と過ごす時間を大切にしてくれている」と感じさせてくれる人は、自分にとってかけがえのない人です。

朝まで……は大げさかもしれませんが、飲んでいて、相手に時間を気にしていることを悟られない気配りができる人は、すごいです。

僕自身は、接客しているときに時計を見て、後の段取りを考えていたことが過去にあります。今思えば、お客様に失礼なことをしてしまいました。

反省してからは、相手に時間を気にさせないくらい、目の前にいる人にしっかり向き合うことを心がけています。

心から気を許している相手と過ごすと、時間が経つのは速いもの。
でも、時計は見ない。時間を気にしない。
これは、真剣に付き合っている証です。実行すれば、人に圧倒的に好かれます。

そう。時計は見るな！

第7章

めざせ！　コミュニケーションの達人

47

人見知りは長所です!!

ついに最終章。ここまで読み進んでくださって、ありがとうございます。

「まだコミュニケーションに自信がない」人と「もっと上をめざしたい」人に役立つ話をして、この本を結びたいと思います。

まず、人見知りの人へ。

きり返しのところでも伝えましたが、人見知りは長所です。あなたはきっと、人に対する気遣いが人一倍細やかで、優しさにあふれた人なのです。

「会話に沈黙ができて、相手に気まずい思いをさせやしないか」「相手が嫌がることを口にしてしまったらどうしよう」などと心配するあまり、自分から話さない習慣がついてしまったのではないでしょうか。

ためらわずに、先に伝えてしまいましょう。

「人見知りしてしまうのです」「話すことが不安なんです」と。

事情がわかれば、相手は話しかけやすくなります。

また、ラッキーなことに、その人が誰かにあなたを紹介するとき、「あの人、人見知りするけれど、良い人ですよ」と口添えしてくれるかもしれません。


ただし、人見知りすることと併せて、「でも、あなたと話がしたいです」という気持ちもはっきり伝えることが大切です。

自分と話をしたい人を、嫌う理由などありません。相手は、自分に興味をもってくれていることに感謝と喜びを感じるはずです。


人見知りの他、口下手、あがってしまう人なども、周囲の人にそのことを伝えましょう。

きっと、まわりから先に話してもらえる〝愛されキャラ〟に突如変身です！

48

“失敗”ではなく“経験”

次は「失敗続き」と思い込んでいる皆さんへ。

僕は今までフラれた経験がないと**思い込んでいます。**

つまり、失敗したことがない！

実際にはもちろんふられた事実はあります。その時に「相手に見る目がなかっただけ」と、悩まず済ませてしまうのです(笑)。

気づいてください。

「失敗した」と思わなければ、失敗していないことになります。

こういう考え方が難しければ、言葉をプラスに変えて、前向きになれるように心がけてください。

それも無理なら、この裏技！
自分よりもっと失敗が続いているように思える人と会いましょう。自分が励ます側になり、自然と前向きな言葉が出てきます。気がつけば、言葉、動作、感情をプラスにコントロールできているはずです。

「失敗でなくて、経験だよね」
こんな言葉で人を勇気づけているうちに、自分自身にも力がわいてきます。
エジソンの人生を語り出す、なんていうのもいいですね。
「諦めたときが失敗なんだよ。
人生における失敗者の多くは、諦めたときに自分が
どれだけ成功に近づいていたかに気づかなかった人たちである！」

そう。「失敗」を認めなければ、それは「経験」。失敗じゃない。
臆することなくどんどん人とコミュニケーションをとって、経験を積みましょう。

49

筋トレは嘘つかない

この本に書かれていることを素直に受けとめ、好かれる方法を早速あれこれ試してくれている人もいると思います。

会話は訓練次第です。

うまくいくときもあれば、そうでないときもあります。状況や相手の気分などによって、理想とは違う展開になることだってあります。

不調なときは落ち着いて、「心」を見つめ直しましょう。

相手から話を引き出すことに意識を集中しすぎると、心、マインドの部分を忘れてしまいがちです。コミュニケーションの土台である心がしっかりできていてこそ、テクニックが生きてくるのです。

思い出したいのは、この心です。

・相手からどんな話が聴けるのだろう。

・うまく話そうとしなくていい。

・誰も自分には期待なんかしていないとリラックスする。

表面のやりとりに気をとられて、本来の興味や好奇心を忘れないようにしてください。会話をして、楽しくなったりワクワクできたりすることが、一番大切です。

また、何か気の利いた言葉を返さなくては……などと、頑張らなくてもいいのです。単純に聴く。ずっと聞く。そして、話術に関して「誰も自分に期待なんかしていない」とリラックスすることです。

コミュニケーションはすぐに完璧にできなくても大丈夫。当然です。

僕がホストとして接客していたころは、うまくいかないことばかり。けれど、落ち込んだりはしませんでした。

なぜなら、会話はトレーニングで上達するからです。

お客さんの反応が悪かったときは、どこが良くなかったのかを反省しました。自分のきり返しが良くなかったから、質問の準備が足りていなかったから、などと毎日メモに残していました。そして、反復練習に一生懸命取り組んで、常に明日に備えていました。


テレビのトーク番組を観ながらのトレーニングもしました。

自分がゲストだったら話をどう切り返すかを考え、司会者だったらどんなふうに話題を進行させるのかを考え、本気で練習していました。うまく話す人の口調も真似てみて、とにかく口の筋トレに励む毎日でした。

この地道なトレーニングが功を奏したように思えます。

土台である心をしっかり固めて、たくさん筋トレをして自信をもつ。そうすると、どんなことがあっても、どんな人と出逢っても、何も怖くありません。

50

達人のトレーニング

早くコミュニケーションの達人になれるよう、一段上のトレーニングをお教えしましょう。

僕は、とにかくどこにいても対人関係を意識しています。その場を盛り上げるにはどうしたらいいか、24時間考えて練習しています。

たとえば、知人たちを大阪観光に連れ出し、クルーズ船に乗ったとしましょう。船内アナウンスが聞こえてくると、自分ならどう話して、みんなを笑わせるかを考えます。そして、実際にその場でしゃべり出してしまいます。

今あるもので、今いる環境で、その場を盛り上げることを考えて、口に出すのが一番の筋トレになります。

日常の習慣にしたい筋トレもあります。
これは、僕が尊敬してやまない中島孝志先生の著書『人脈がいっぱい』を読んで、コミュニケーションに生かそうと始めたものです。

名付けて「あなたは何者？トレーニング」。次の5人になりきります。

①医者
②学者
③易者
④芸者
⑤役者

医者は、相手の悪いところや短所を伝える力、治す力があります。
学者は、人に知識や情報を与える力があります。
易者は、将来を見通せる力があって、人にアドバイスができます。

芸者は、ピエロになって笑いを生むことができます。

役者は、相手が望む自分になれます。

この5つの能力を磨くように、僕はいつも意識しています。

中でも高めたいのは、易者の力。人の将来を見渡す力です。

相手の将来に期待して、信じて、可能性を示唆することによって、その人はより深い人生を築いていけます。まわりにいるたくさんの人たちに対して、易者の力を発揮したいのです。

この5人になる力を高めながら、人への興味をもっと広げて、人とかかわる面白さをさらに感じていきたいと思っています。

51

無愛想な店員を味方につけろ!!

ちょっとハードなトレーニング方法も紹介します。

飲食店や様々なショップで迎えてくれる店員さんの多くは、愛想の良い人たちです。が、ときどき無愛想な人がいますね。

そういうタイプには、驚くべき専門知識をもっている人がいるのをご存知ですか？　僕はその知識を引き出すのが好きです。

愛想が悪いのは、人のために何かをする配慮が少し足りないからでしょう。でも、「何かを伝えたい、教えたい」という想いも、「人より優位に立ちたい」という想いもあるはずです。

専門知識を聞いてあげるお客さんになると、その店員さんを愛想良くさせられるかもしれません。

誰もがもっている自己重要感を引き出し、満たしてあげましょう。
いかにその人の、専門分野に近づくかがポイントです。

居酒屋や料理店ではこんな質問を。

「この料理はどうやって作るのですか？」
「お店の忙しい時間帯は何時頃ですか？」

アパレル関係のお店では。

「この生地はどこで作られているのですか？」
「ブランドのコンセプトって何ですか？」

遊園地では。

「年間の来場者数ってどれくらいですか？」
「あまり人気はないけれど、従業員が密かに気に入っているスポットやアトラクション

なんてありますか？」

予想もしない答えや専門知識が返ってくるかもしれません。そして、お得な情報やレアな知識を引き出しながら、無愛想な人からも好かれていってしまいます。

せっかくなので、超裏技も披露します。
あえて無愛想な店員さんに聞いてしまいましょう！
「どんなお客さんに一番腹が立ちますか？」

マイナスの発見をしてもらい、それを聞かせてもらうと、自分も同じ目線に立って会話ができるようになります。
愛想の良くない人ほど、じっくり人に話を聞いてもらった経験が少ないはず。いつも思っていたこと、感じていたことを聞き出してくれたあなたを、大切なお客様だと認めてくれるはずです。

52

１００人パーティー必勝術

１００人あるいは２００人が集まるパーティーや会合で、人の多さに圧倒されて、どう動いていいか戸惑ったことはありませんか？

そんなときは、まず１人を相手に初対面のコミュニケーションを頑張ります。その後は、「一緒に会場をまわりませんか？」と誘って２人で行動すると心強いです。

会場に知り合いがいたら、自分が磁石になって、他の人に次々と紹介して人をつなげていくこともできます。

自分が紹介してもらうことばかりを考えてしまいがちですが、人と人をつなげていく「相手軸」でのやり方に切り替えてみることも必要です。

初対面の人には、自分を中身で売り込んでみましょう。

先に伝えた名刺を使ってみるのもいいですね。仕事以外での自分を日頃から磨いておくことが大切です。

たくさんの人が集まる場には、自分がかねてから会いたいと思っていた人がいるかもしれません。他の人の人脈も活用させてもらって探しましょう。

たとえば「会いたい人リスト」を作って持って行く。名刺交換する際に「こんな人と会いたい。こんな職業の人に会いたい」と相手に宣伝する。

「面白い人だな」と思ってもらえれば、相手は後日あなたのことを思い出して、会いたい人につなげてくれる、ということもあります。

会場にいる全員と仲良くなろうなどと思わなくていいのです。自分が特に興味をもった人に、時間差で2回アプローチしてみてもいいでしょう。

相手に確実に覚えてもらって、会の最後に声をかけて、しっかりエンドメッセージを送ってください。

53

イベントをたちまち楽しくするネーミング

呼び名を変えると人間関係が変わるという話はすでにしましたが、ネーミングが大切なのは人の呼び方だけではありません。

例をひとつあげるとしたら「暴走族」。この言葉は、若者にとってはカッコいいイメージにもなっています。

もしこれが「珍走族」という呼び名だったら？

誰もそこをめざさないでしょう。

言葉のイメージは意識を支配します。仕事もプライベートも、言葉を変えることによって、もっと楽しくできるのです。

日常のどんな些細なもの・ことにも、名前を付けてしまいましょう。

たとえば、ランチ。特別な名前を付けると意識が変わり、食べることがさらに楽しくなります。

・「正午に女は美しくなる!! ビューティーアップランチ」
・ダイエットしたいときは、少食を心がけて「ガンジーランチ」
・自然食レストランに通う「オーガニック研究会」

友達との卓球をもっともっと盛り上げたいなら

・「本当の福原愛ちゃんは誰か決めよう大会」

職場では、皆のモチベーションが上がっていないものに新しい名前を。

・営業進捗会議は「めざせ! 大富豪」「みんなの夢を叶える会」
・売上は「喜び・喜ばせ高」「感動高」

コミュニティーには、学校や出身地、趣味などを盛り込んで。

・**「緑ヶ丘小学校チャレンジャーの集い」（出身校の名前を入れます）**
・**「青森県を世界に広げよう！　の会」（市町村名でもできます）**
・**「野球界75年の会」（もちろん数字は生まれた年）**

かなりベタなネーミングでもいいのです。新しい名前を付けると意識が変わり、皆のモチベーションが上がります。仲間意識も早く育ちます。面倒がらずに一度試してみてください。

注意点は、ネーミングを考えるときから参加メンバーを巻き込むこと。

初めは関心なさそうにしている人でも、ひとつ名前を考えると、声に出してみたくなるはずです。そのうち、みんなの意識が同じ方向を向き、新しい風が吹くでしょう。

言葉を変えて人生を楽しみましょう！

ネーミングの流れで、僕の「浜省《はましょう》事件」を聞いてください。

僕がグループでやったイベントで、「浜田省吾大会」なるものがありました。ただひたすら浜田省吾になりきるためのイベントです。

僕が個人的に浜省（浜田省吾さん）を好きなので開催しました。

浜省スタイルのギターを必死で探し、衣装も大阪ミナミの街を探しさまようこと数日……。当日、赤いバンダナを頭にギュッと結んで、大会を滞りなくやりきった後、うちのスタッフがこう言いました。

「はましょうって、何ですか？ 誰ですか？」

若いスタッフ、みんな浜省を知らなかったという顚末。

こんなこともあります、はい。

WORK 9

イベントのネーミングを変えてみよう！

職場を活性化するネーミング、友達との集まりをもっと楽しくするネーミングなどを考えてみましょう。

今までの呼び方	新しいネーミング
新年会	
忘年会	
（　　　）会議	

54

質問力は準備力

好きな人と長く話したいと思ったら、必要なのは質問力です。質問の大切さは、第1章でも書きましたね。

まず5分から10分間、話を続ける質問力をつけること。その5分を繰り返すことで1時間の会話になるのです。

質問力は準備力です。

これから会う人の情報をあらかじめ調べるのは当然のことですよね。

会社名がわかっている場合はホームページを調べる。その人がブログを書いているならチェックする。下調べから生まれる質問も、きっとあるでしょう。

しかし、事前に情報を仕入れられない場合もありますね。そんなときに使える質問をいくつか紹介します。これで大丈夫！　安心して会話を進めてください。

「人生のターニングポイントは何ですか？」

どんな人にも少なからず成長志向があるので、これは誰にでも使える質問です。

また、相手の答えによって、次々に質問があふれ出てきます。

恥ずかしがらずに素直に問いかける。すると、会話に深みが生まれます。

「自分に影響を与えた映画、本は何ですか？」

その映画のどこが好きなのか、どういったところに感動したのか、人生のどんなところにリンクしているのか、と質問を進めると、相手の価値観を知ることができます。

人の物の見方を知るには、好きな映画や本のことを聞き出すといいですね。

なお、この質問をするときは、自分の大切な映画と絶対人に薦めたい本をピックアップしておきましょう。きっと相手は聞いてくれます。

「自分の年齢の頃、どうしていましたか？」

年上の相手にこの質問をすると、これからの人生にアドバイスをもらえます。会話は学ぶべきことが多い内容になるでしょう。
反対に、自分より年下の人に「自分の年齢になったとき、どうなっていたいか?」と、これからの夢やビジョンを聞いてみるのも面白いですね。

「死んだらどんな葬儀をしてもらいたいですか?」

恋愛観、死生観などについての質問も大げさではなく、その人の〝人となり〟がわかります。

「座右の銘は何ですか?」

この質問をすると、意外な人生のエピソードも聞けることがあります。
オリジナルの言葉をもっている人もいるので、ぜひ聞いてみましょう。

会話をつなげていく中で、入れたい魔法の質問があります。

「それ、パクっていいですか?」

「真似していいですか?」

「今からすぐ使っていいですか？」

これらは、話している相手が「自分が認められた」と嬉しくなる魔法の言葉です。

こんなふうに展開できます。

自分「毎日習慣にしていることってありますか？」

相手「トイレ掃除は毎日しているよ」

自分「トイレ掃除ですか？　どうしてですか？」

相手「自分のところのトイレだけじゃないよ、公衆トイレもしたりするよ」

自分「え、すごい！　なぜですか？」

相手「昔、尊敬している人から『人の見ていないところで徳を積みなさい。そして、一番下っ端だったときの初心を忘れないように』と言われてね。トイレ掃除をすることで、自分の大事な部分を忘れないようにしているんだよ」

自分「それ、カッコいいですよね！ それ、パクっていいですか！」

相手の習慣を真似ることとは、相手を称える最高の行動です。ただし、「真似してみたい」と言葉にするのは、自分が本当にいいと思ったことだけにしてください。多用すれば自分を軽く見せてしまいます。それに、真剣に話をしてくれている相手に敬意を払っているように思われないからです。

真似たことは、1カ月後に会って「この前話してもらったこと、実行しています！ すごくいいですね！」と伝えられるようにしましょう。そんな嬉しい報告を受ければ、相手はあなたと話した時間をとても良い時間だったと感じてくれるでしょう。会わなかった1カ月の空白も確実に埋まります。

どんどん質問を繰り出して、質問力をさらに磨きましょう。

そうすれば、好かれるコミュニケーションがますます上達していきます。

コラム 7

キャバクラでお金をできるだけ使わないスキル

元ホストらしく、夜のお店のお話を……。

ついつい料金がかさばるキャバクラ。

できるだけ安く飲もうと構えていては、居心地が悪く、お酒もおいしくなくなってしまいますよね。

最高のユーモアをもってキャバクラで浪費を防ぐスキルをお教えします。

キャバ嬢「もっとお酒、飲ませていただいていいですか?」

お客さん「会長が来てからでないと、僕たちそうそう飲めないので、わからないいな」

つまり、自分たちには決済権がないので、たくさんは飲めないし、お店の子にも飲ませてもあげられないと伝えます。あまりたくさん注文せずに、キャバクラにいる時間を引き延ばすのです。

もちろん、会長は最後まで来ません(笑)。

最後のコラムは、この本で唯一、人(キャバクラの女の子)に嫌われる内容でした! ごめんなさい。

あとがき

僕は誰からも嫌われたくありません。みんなから好かれたいです(笑)。

この気持ちが人一倍強いからこそ、ホスト現役時代にナンバーワンになり、現在は経営者として事業を続けていられるのだと思います。

世の中には「媚を売ってまで誰かに好かれたくなんかない」という方もいます。そんな方に僕は「人に好かれることは責任だ」とお伝えしています。

最後まで読んでくださった方にはわかってもらえると思いますが、「好かれるコミュニケーション」は相手への気配りや心遣いの結晶です。

社内の人を喜ばせたり、お客様に楽しんでもらったり、恋人や家族を心地良くしたり、出会った人に感動を与えたり。

すべては人のためにあります。

内容によっては、本来お金をもらって施すようなサービスを、1円ももらわずに24時間やるのです。

人に好かれるコミュニケーションは、そのプロセスで、人をちょっぴりハッピーにしています。

このちょっぴりのハッピーを与えた結果、自分も得をするのです。

僕は〝大人〟をこう定義しています。

「自分の中に他人が50％入っている人」

大人には「自分は人にどう思われても平気だ」とか、「無理しなくても、ありのままの自分を好きになってほしい」などとは言って欲しくないのです。

それは子供が言うことだから。

大人は好かれる努力をしなければなりません。

精一杯、人のために心と体と口を使わないとダメです。

好かれるコミュニケーションに取り組む中で、その習慣を身につけ、いつも人をハッピーにすることを心がける。

「人に好かれることは責任だ」と言ったのは、こういう考えからです。

「責任」と言うと重く聞こえますが、その責任を果たしたときの報酬はスゴいです！　あらゆることがうまくいきます！

これが味わえるのはやった人だけ。

もう皆さんは人に好かれる方法を知りました。

しかし、この本は「知ること」が目的ではありません。

知ったことを実行して、「人に好かれ、人生を好転させること」がゴールです。

何かひとつでもいいです。次に会った人を相手に、好かれるコミュニケーションを実践してみてください。

その繰り返しによって、あなたの人生は、人にうらやましく思われるほど素晴らしいものになるはずです。

もしそうなったら、声を大にして言ってくださいね。

「わたしは井上敬一が好きです！」と。

２０１２年３月

あなたに好かれたい　井上敬一

井上敬一

株式会社ＦＡＫＥ代表取締役
大阪飲食健全共同組合　理事長
ＮＰＯ法人「きずなの輪」理事
シオングループプロデューサー
人間関係ハッピー委員会　委員長

兵庫県生まれ。

立命館大学中退後、ホスト業界に飛び込み１カ月目から５年間連続ナンバーワンをキープし続ける。

その後ホストクラブオーナーとして独自の経営哲学で若いスタッフを体当たりで指導する姿はフジテレビ、ドキュメンタリー番組「ザ・ノンフィクション」で密着取材され、シリーズ全５弾まで放映された。

また、ラジオ日本「元爆＆敬一のラジオＤＥシクヨロ」で５年、パーソナリティーとして毎回即興で芸人さんの悩みに答える敬一マニフェストにも人気が集まる。

信念をもった社会貢献を通して人と人との絆の結び目となることを使命とし、ホストの接客術とお店を人生道場と捉えた人材育成を通して、人間関係の向上こそが事業と人生の成功に繋がることを発見する。


現在は実業家として「人の為に格好つけるひと」を定義にサムライスーツ・ハウスラインのプロデュースを手掛ける他、人間関係ハッピー委員会　委員長として人に好かれるコミュニケーションを伝える研修・セミナーにも力を入れている。

圧倒的な実績に裏付けられたコミュニケーションスキルをわかりやすく説く講演は、多くの企業、自治体・商工会などから幅広く支持されている。

井上敬一ホームページ
http://inouekeiichi.net/

モバイル

著書
『ゴールデンハート』扶桑社
『ホストである前に人間やろ！』竹書房
『７つの本気』現代書林

イラスト　福島 愛恵

【今から 誰でも このまま使える 人に好かれる方法】

初刷 ―― 二〇一二年三月二〇日
著者 ―― 井上敬一
発行者 ―― 斉藤隆幸
発行所 ―― エイチエス株式会社
064-0822
札幌市中央区北2条西20丁目1-12佐々木ビル
phone : 011.792.7130　fax : 011.613.3700
e-mail : info@hs-prj.jp　URL : www.hs-prj.jp
発売元 ―― 株式会社無双舎
151-0051
東京都渋谷区千駄ヶ谷2-1-9 Barbizon71
phone : 03.6438.1856　fax : 03.6438.1859
http://www.musosha.co.jp/
印刷・製本 ―― 株式会社総北海
乱丁・落丁はお取替えします。

ISBN978-4-86408-931-9